DER KORAN

IN ZWEI STUNDEN

CENTER FOR THE STUDY OF POLITICAL ISLAM

BILL WARNER

CSPI
International

Bill Warner
Der Koran in zwei Stunden

Englisches Original "A two-hour Koran"
Herausgegeben von CSPI Publishing, Inc 2010 in USA

Übersetzt von Levin Blum
Herausgegeben von CSPI International
Lidicka 700/19, 602 00 Brno, Czech Republic

1. Auflage, Brno 2017
ISBN 978-80-88089-64-3 (paperback, A5)

Über den Autor

Dr. Bill Warner ist ein prominenter und hoch angesehener Experte auf dem Gebiet des politischen Islam. Er promovierte 1968 an der NC State University in Physik und Mathematik. Acht Jahre lang war er Professor an der Tennessee State University. Seit frühster Jugend zeigte Dr. Warner ein besonderes Interesse an Religionen und deren Auswirkungen auf die Geschichte. Über Jahrzehnte hinweg studierte er Schriften der Weltreligionen. Noch vor der Zerstörung des World Trade Centers in New York prophezeite er einen Krieg zwischen dem Islam und Amerika. Nur einen Tag nach den Anschlägen auf das World Trade Center am 11. September entschloss er sich schließlich dazu, die Schriften des Islam für jedermann und leicht verständlich zugänglich zu machen.

Der Physiker und Mathematiker Dr. Warner bediente sich auch bei der Analyse der islamischen Glaubenslehren wissenschaftlich-analytischer Methoden. Am Anfang seiner Arbeit stand die Erkenntnis, dass die Schriften des Islam absichtlich kompliziert gestaltet wurden und daher schwierig zu verstehen sind. Daraufhin entwickelte er ein Lehrprogramm mit dem Ziel, die daraus resultierende Verwirrung zu beseitigen. Es wurde dabei deutlich, dass der Islam nicht auf denselben humanistischen Prinzipien aufgebaut ist, wie sie anderswo gelten.

Heute ist Dr. Warner Vorsitzender des von ihm gegründeten Center for the Study of Political Islam (CSPI). Er hat über ein Dutzend Bücher geschrieben, in denen er die Inhalte des politischen Islam auf verständliche Weise vermittelt. Darüber hinaus entwickelte er einen Kurs für das Selbststudium zum gleichen Thema.

CSPI International

Das Center for the Study of Political Islam, im Folgenden mit CSPI abgekürzt, ist ein gemeinnütziges, politisch und religiös unabhängiges Bildungsinstitut mit Hauptsitz in der Tschechischen Republik. Mit seinem umfassenden Bildungsangebot über den politischen Islam erreicht CSPI eine breite Öffentlichkeit.

Der Islam basiert auf drei Hauptschriften, dem Koran, der Sira (die Biographie Mohammeds) und den Hadith-Sammlungen (die Überlieferung der Worte und Taten des Propheten Mohammed). Der nicht-religiöse Teil dieser Schriften regelt primär Rechte und Beziehungen zwischen Muslimen und Nicht-Muslimen, den so genannten Kuffar. Er wird als politischer Islam bezeichnet.

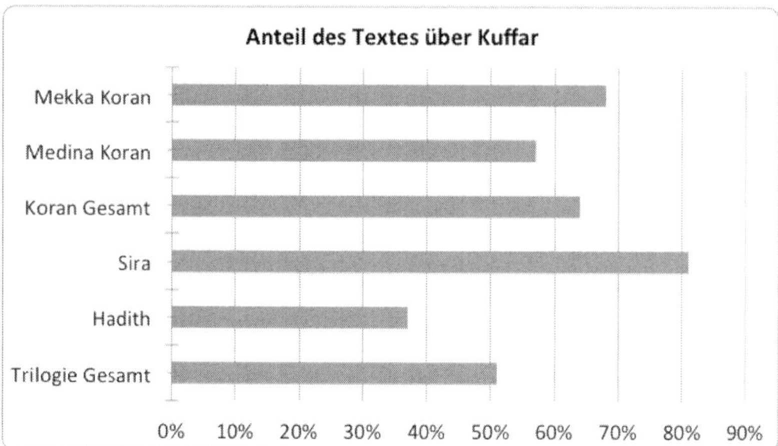

CSPI hat die islamische Trilogie in seiner Gesamtheit wissenschaftlich analysiert und kategorisiert. Das Ergebnis dieser Arbeit ist überprüfbares, auf Fakten basierendes Wissen, welches ein tiefes Verständnis von den Zielen und Methoden des politischen Islam vermittelt. Dieses Wissen möchte das Institut für jedermann zugänglich machen.

„Unser Ziel ist es, die Welt über politischen Islam, seinen Gründer Mohammed, seine politische Doktrin und seinen Gott Allah aufzuklären."

CSPI International
www.politicalislam.eu

Disclaimer

CSPI befasst sich ausschließlich mit dem Studium des politischen Islam (51 % der Trilogie) als bedeutende weltpolitische Ideologie mit eigenem Rechtssystem, eigener Kultur, Geschichte und einem unverkennbar starken Einfluss auf andere politische Ideologien. Die religiösen Elemente des Islam (49 % der Trilogie) sind Privatsache eines jeden Muslim und daher für die Arbeit von CSPI nicht von Interesse.

CSPI distanziert sich ausdrücklich von jeglicher Verwendung seiner sämtlichen Lehrinhalte und seines geistigen Eigentums für illegale und/oder gewalttätige Aktionen sowie für durch Intoleranz, Fremdenfeindlichkeit, Rassismus oder Unterdrückung der Religionsfreiheit motivierte Aktionen von Einzelpersonen oder Gruppen. CSPI distanziert sich des Weiteren ausdrücklich von jeglichen Bestrebungen, das verfassungsmäßige Recht auf Religionsfreiheit zu begrenzen.

CSPI befasst sich ausschließlich mit dem Studium des politischen Islam. Private Glaubensvorstellungen respektiert das Institut ohne jede Einschränkung.

Inhalt

Einführung ... 9

Der Koran von Mekka ... 16

Anfänge der Lehrtätigkeit ... 17

Öffentliche Lehrtätigkeit ... 31

Anstrengung ... 56

Politische Anfänge ... 70

Der Koran von Medina ... 76

Die Juden ... 77

Die Christen ... 83

Die Heuchler ... 88

Dschihad – Ein Krieg gegen alle ... 92

Dschihad – Das Exil der Juden ... 99

Dschihad – Ein Rückschlag ... 102

Dschihad – Die Juden unterwerfen sich ... 110

Mohammeds Familienleben ... 115

Mohammeds letzter Dschihad ... 122

Christen und Juden ... 128

Die Scharia ... 131

Kommentare ... 136

MAP OF
ARABIA
600 A.D.
MEDITER-
RANEAN
SEA
SYRIA
MESOPOTAMIA
(IRAQ)
Muta
Tabuk
Fadak
Khaybar
ARABIA
Medina
Badr
Mecca
Hudabiya
Hunain
RED SEA
EGYPT
YEMEN
N
ABYSSINIA
(ETHIOPIA)

Einführung

Kapitel 1

Der Koran ist wohl das bekannteste Buch der Welt, das nur sehr wenige Leute gelesen haben und das von noch weniger Leuten verstanden wird. Es gibt im Koran keinen zeitlichen Ablauf; die Kapitel sind einfach nach ihrer Länge geordnet. Sie erscheinen somit in willkürlicher Reihenfolge. Eine chronologisch erzählte Geschichte bleibt deshalb auf der Strecke. Das gilt für den Koran, wie er von gläubigen Muslimen verwendet wird.

Um das Wesen des Korans zu verstehen, benötigt man weniger Zeit, als eine Sportveranstaltung zu besuchen. Daher die Bezeichnung: ***Der Koran in zwei Stunden***. Dieses Buch enthält nicht den kompletten Koran, doch nachdem Sie es gelesen haben, werden Sie auch den Koran aus der Buchhandlung mühelos verstehen können.

Kafir

Der erste Schritt beim Studieren des Islam besteht in der richtigen Definition von Begriffen. Die Sprache des Islam ist dualistisch. Die Menschen werden unterteilt in Gläubige und **Kuffar** (Plural von Kafir). Diese Einteilung richtet sich danach, ob man glaubt, Mohammed sei der Prophet Allahs, oder ob man dies nicht glaubt.

Kafir ist die eigentliche Bezeichnung im Koran für Nicht-Muslime. In der Regel wird es mit "Ungläubiger" übersetzt, doch diese Übersetzung ist falsch. Das Wort "Ungläubiger" ist neutral. Wie Sie sehen werden, ist die Haltung des

Korans gegenüber Ungläubigen jedoch sehr negativ. Der Koran[1] kennzeichnet den Kafir auf folgende Weise:

Der Kafir wird gehasst.

> **Koran, Sure 40:35** *Solche [die Kuffar], die über die Zeichen Allahs [Koranverse] streiten, ohne dass irgendeine Ermächtigung (dazu) zu ihnen gekommen wäre. Äußerst hassenswert ist das für Allah und für jene, die gläubig sind. Also versiegelt Allah das Herz eines jeden Überheblichen, Gewalttätigen.*

Der Kafir darf enthauptet werden.

> **Koran, Sure 47:4** *Wenn ihr (im Kampf) auf die stoßt, die ungläubig sind, so haut (ihnen) auf den Nacken; und wenn ihr sie schließlich siegreich niedergekämpft habt, dann schnürt ihre Fesseln fest.*

Gegen einen Kafir darf man sich verschwören.

> **Koran, Sure 86:15** *Wahrlich, sie planen eine List [gegen Mohammed]. Und Ich plane eine List. Darum gewähre nun den Ungläubigen Aufschub, ein klein wenig Aufschub.*

Ein Kafir darf terrorisiert werden.

> **Koran, Sure 8:12** *Da gab dein Herr den Engeln ein: „Ich bin mit euch; so festigt denn die Gläubigen. In die Herzen der Ungläubigen werde Ich Schrecken werfen. Trefft (sie) oberhalb des Nackens und schlagt ihnen jeden Finger ab!"*

Ein Kafir darf bekriegt und gedemütigt werden.

> **Koran, Sure 9:29** *Kämpft gegen diejenigen, die nicht an Allah und an den Jüngsten Tag glauben, und die das nicht für verboten erklären, was Allah und Sein Gesandter für verboten erklärt haben*

---

1 Folgende Koran-Übersetzung wurde für dieses Buch durchgehend herangezogen: Die ungefähre Bedeutung des Al-Qur'an Al-Karim, Muhammad Rassoul, Islamische Bibliothek, 2009.

[Juden und Christen], und die nicht dem wahren Glauben folgen - von denen, die die Schrift erhalten haben, bis sie eigenhändig den Tribut [Dschizya] in voller Unterwerfung entrichten.

Ein Muslim ist kein Freund eines Kafirs.

Koran, Sure 3:28 *Die Gläubigen sollen die Ungläubigen nicht statt der Gläubigen zu Beschützern nehmen; und wer solches tut, der findet von Allah in nichts Hilfe außer ihr fürchtet euch vor ihnen. Und Allah warnt euch vor Sich Selbst (achtlos zu sein), und zu Allah ist die Heimkehr.*

Ein Kafir ist verflucht.

Koran, Sure 33:61 *Verflucht seien sie [die Kuffar]! Wo immer sie gefunden werden, sollen sie ergriffen und rücksichtslos hingerichtet werden. So geschah der Wille Allahs im Falle derer, die vordem hingingen; und du wirst in Allahs Willen nie einen Wandel finden.*

Im Islam gelten Christen und Juden als Ungläubige und Anhänger des Buches[2], Hindus als Polytheisten und Heiden. Die Begriffe Ungläubiger, Anhänger des Buches, Heide und Polytheist sind religiöse Bezeichnungen. Nur das Wort Kafir spiegelt die gängige politische Behandlung von Christen, Juden, Hindus, Buddhisten, Animisten, Atheisten und Humanisten wider. Wie man mit einem Heiden verfährt, so kann man auch mit einem Christen, Atheisten oder jedem anderen Kafir verfahren.

Der Begriff Kafir wird in diesem Buch an Stelle von Ungläubiger, Nicht-Muslim oder Zweifler gebraucht. Ungläubiger oder Nicht-Muslim sind neutrale Begriffe, Kafir jedoch ist kein neutrales Wort. Vielmehr bezeichnet es einen Untermenschen, somit ist es fanatisch, intolerant und voreingenommen.

---

2 Im Koran selbst wird von "Leuten der Schrift" gesprochen. z.B. Koran 5:59, Koran 4:171

Die drei Sichtweisen des Islam

Es gibt drei Sichtweisen hinsichtlich des Umgangs mit dem Islam. Der jeweilige Standpunkt hängt davon ab, wie man zu Mohammed steht. Wenn jemand glaubt, Mohammed sei der Prophet Allahs, dann ist er gläubig. Glaubt er nicht daran, ist er ein **Kafir**. Der dritte Standpunkt ist der eines **Dhimmi** – eines Kafirs, der gleichzeitig Fürsprecher des Islam ist.

Dhimmis glauben nicht, dass Mohammed ein Prophet war, doch sie meiden Äußerungen, die einem Muslim missfallen könnten. Dhimmis beleidigen den Islam nie und verurteilen jede Analyse, die den Islam kritisiert, als voreingenommen.

Sehen wir uns ein Beispiel für die drei Betrachtungsweisen an.

In Medina saß Mohammed den ganzen Tag neben seiner zwölfjährigen Ehefrau, während beide zusahen, wie 800 Juden die Köpfe mit dem Schwert abgetrennt wurden[3]. Die Köpfe wurden ihnen abgetrennt, weil sie gesagt hatten, Mohammed sei nicht der Prophet Allahs. Muslime betrachten diese Hinrichtungen als notwendig, da die Leugnung von Mohammeds Prophetenschaft als eine Beleidigung des Islam und die Enthauptung als angemessene Bestrafungsmethode gilt, die von Allah gebilligt wird.

Kuffar deuten dieses Geschehen als Beweis für die dschihadistische Gewalt des Islam und als ein Gewaltverbrechen. Sie nennen es ethnische Säuberung.

Apologeten (Dhimmis) bezeichnen dies als historisches Ereignis und beteuern, in der Vergangenheit aller Kulturen sei Gewalt ausgeübt worden, und man solle kein Urteil darüber fällen. Sie ignorieren, dass im Islam die Sunna – Mohammeds Worte und Taten – ein vollkommenes Modell für unsere Zeit, für die Zukunft und für immer und ewig darstellt. Sie ignorieren auch die Tatsache, dass dieses vergangene Geschehen – die Enthauptung 800 jüdischer Männer – auch heute noch und in Zukunft akzeptabel ist, wie das Schicksal von Daniel Pearl[4] (einem Reporter, der vor laufender Kamera enthauptet wurde) beweist.

---

3 The Life of Muhammad, A. Guillaume, Oxford University Press, 1982, pg. 464

4 https://www.welt.de/politik/ausland/article12264159/Al-Qaida-Fuehrer-koepfte-US-Journalisten-eigenhaendig.html

Je nach Betrachtungsweise war die Ermordung von 800 Juden also entweder ein Gewaltverbrechen, ein vollkommen göttlicher Akt oder einfach nur ein historisches Ereignis. Wählen Sie selbst!

Dieses Buch wurde aus der Sicht von Kuffar verfasst und ist somit Kafir-zentriert. Alles in diesem Buch dient der Betrachtung dessen, wie der Islam sich auf einen Kafir, also einen Nicht-Muslim auswirkt. Das heißt auch, dass der Islam als Religion hier von untergeordneter Bedeutung ist. Nur ein Muslim interessiert sich für den Islam als Religion, doch alle Kuffar sind von den politischen Ansichten des Islam betroffen.

Man beachte, dass es hier kein richtig oder falsch gibt, sondern nur unterschiedliche Sichtweisen, die nicht miteinander zu vereinbaren sind. Eine Aussöhnung zwischen den Sichtweisen des Kafirs und des Muslims ist nicht möglich. Der Apologet versucht im Sinne eines Kompromisses eine Brücke zu bauen, doch dies ist logisch unmöglich.

Was ist der Koran?

Nach islamischer Auffassung enthält der Koran die exakten Worte des einzigen Gottes des Universums. Er ist vollständig, vollkommen, ewig und allumfassend. Er ist außerdem unverständlich.

Etwa 20 Jahre nach Mohammeds Tod legte Kalif Uthman den Koran in seiner jetzigen Form vor, danach nahm er sämtliche Quellen und verbrannte sie.

Der von Uthman vorgelegte Koran entspricht nicht dem historischen Koran Mohammeds. Im historischen Koran wird die Lebensgeschichte Mohammeds in der Reihenfolge der Kapitel erzählt. Der historische Koran war leicht zu verstehen. Wird diese ursprünglich historische Form wiederhergestellt, kann der daraus entstehende Koran von jedermann verstanden werden.

Warum es so schwierig ist, den Koran zu verstehen

1. Die Kapitel sind nach ihrer Länge geordnet – angefangen beim längsten bis hin zum kürzesten. Die Erzählung verliert dadurch ihren chronologischen Ablauf.
2. Jedes Kapitel enthält eine willkürliche Abfolge von Themen.
3. Es kommen viele Wiederholungen vor. Die Geschichte von Moses zum Beispiel wird 39-mal erzählt.
4. Viele Verse sind aus dem Kontext gerissen. Das ist sehr verwirrend.
5. Er ist widersprüchlich.

Insgesamt lässt sich sagen, dass der Koran verwirrend und widersprüchlich ist, keinen Sinn ergibt, und befremdlich, grausam, bedrohlich und abstoßend wirkt. Er ist schwer zu verstehen, und seine Lektüre ist abschreckend.

Zusammenfassung

Der Koran liest sich leichter, wenn man ihn

- chronologisiert – also die Verse in ihre ursprüngliche historische Reihenfolge bringt
- kategorisiert – also Verse zu den gleichen Themen in Gruppen zusammenfasst
- in den jeweiligen Kontext setzt – also das Leben Mohammeds heranzieht, um die näheren Umstände und das Umfeld zu erklären

Das Leben Mohammeds findet sich in seiner offiziellen Biografie, der Sira, verfasst von Ibn Ishaq unter dem Titel "**Sirat Rasul Allah**". Die Sira wurde in den Text des Korans integriert. Dadurch wird der ursprüngliche historische Koran aus Mohammeds Tagen wiederhergestellt. Wenn Sie diesen Koran gelesen haben, werden Sie auch den Koran aus der Buchhandlung mühelos verstehen können.

Das Referenzsystem

Die in diesem Buch vermittelten Informationen lassen sich leicht zu ihrem Ursprung zurückverfolgen, indem man sich spezieller Referenzen bedient:

I234 bezieht sich auf Ibn Ishaqs **Sirat Rasul Allah**, übersetzt von A. Guillaume unter dem Titel Das Leben Mohammeds. Es bezieht sich auf die Randbemerkung 234.

12:45 bedeutet: Koran Sure 12, Vers 45.

Der Koran von Mekka

Anfänge der Lehrtätigkeit

Kapitel 2

4:13 Dies sind die Schranken Allahs; und den, der Allah und Seinem Gesandten gehorcht, führt Er in Gärten ein, durch die Bäche fließen; darin sollen sie ewig weilen; und das ist die große Glückseligkeit.

Kommentar

Wenn Mohammeds Leben in den Koran integriert wird, verleiht er den Suren Kontext und Bedeutung. Im Koran steht 91-mal, dass sich Muslime Mohammed zum Vorbild nehmen sollen. Somit beginnt jedes Kapitel des Korans mit einem Vers, der die Welt daran erinnert, dass der Koran ohne Mohammed bedeutungslos ist.

Der Prophet

I152 Im Alter von 40 Jahren hatte Mohammed seine ersten Visionen und hörte Stimmen. Er sagte, der Engel Gabriel sei zu ihm gekommen, mit einem beschriebenen Tuch aus Brokat, und habe ihm befohlen, zu lesen. Der Engel habe gesagt:

> **Koran, Sure 96:1** *Lies im Namen deines Herrn, der erschuf. Er erschuf den Menschen aus einem Blutklumpen. Lies; denn dein Herr ist Allgütig, der mit dem Schreibrohr lehrt, lehrt den Menschen, was er nicht wusste.*

Mohammed erwachte aus seinem Schlaf. Er hasste die Wahnsinnigen, und sein Gedanke war, selbst wahnsinnig zu sein. Er dachte daran, von einer Klippe zu springen, um sich umzubringen. Auf halbem Weg nach oben hörte er die Worte: „Mohammed, Du bist der Apostel Allahs, und ich bin Gabriel." Danach empfing Mohammed, was er als Offenbarungen bezeichnete, wie zum Beispiel:

Koran, Sure 97:1 *Wahrlich, Wir haben ihn (den Qur'an) herabgesandt in der Nacht von Al-Qadr. Und was lehrt dich wissen, was die Nacht von Al-Qadr ist? Die Nacht von Al-Qadr ist besser als tausend Monate. In ihr steigen die Engel und Gabriel herab mit der Erlaubnis ihres Herrn zu jeglichem Geheiß. Frieden ist sie bis zum Anbruch des Frühlichts.*

Koran, Sure 55:1 *Der Allerbarmer hat den Qur'an gelehrt. Er hat den Menschen erschaffen. Er hat ihm das deutliche Reden beigebracht. Die Sonne und der Mond kreisen nach einer festgesetzten Berechnung. Und die Sterne und Bäume fallen (vor Ihm) anbetend nieder. Und den Himmel hat Er emporgehoben. Und Er hat das (richtige) Abwiegen zum Gebot gemacht, auf dass ihr euch in der Waage nicht vergeht.*

Koran, Sure 55:10 *Und Er hat die Erde für die Geschöpfe bereitet; auf ihr sind Früchte und Palmen mit Fruchthüllen und Korn auf Halmen und duftende Pflanzen. Welche der Wohltaten eures Herrn wollt ihr beide da leugnen?*

Koran, Sure 55:14 *Er hat den Menschen aus Ton erschaffen, gleich einer Töpferware, und die Ginn*[5] *erschuf Er aus rauchloser Feuerflamme. Welche der Wohltaten eures Herrn wollt ihr beide da leugnen?*

Koran, Sure 55:17 *(Er ist) der Herr der beiden Aufgänge und der Herr der beiden Untergänge (von Mond und Sonne). Welche der Wohltaten eures Herrn wollt ihr beide da leugnen?*

---

5 Im Islam gibt es eine Welt voll Geister, die als Dschinn bezeichnet werden. Sie können den Menschen zum Guten wie zum Bösen beeinflussen.

Die erste Konvertitin

I156 Mohammeds Ehefrau Khadija war die erste Konvertitin. Von Beginn an ermutigte sie ihn und glaubte ihm. Sie war nicht der Meinung, dass er sich täusche oder verrückt sei. Bald darauf hörte er keine Stimmen mehr, hatte keine Visionen mehr, wurde depressiv und fühlte sich allein gelassen. Dann begannen seine Visionen erneut, und er sagte:

> **Koran, Sure 93:1** *Beim Vormittag und bei der Nacht, wenn alles still ist! Dein Herr hat dich weder verlassen, noch verabscheut.*
>
> **Koran, Sure 93:4** *Wahrlich, das Jenseits ist besser für dich als das Diesseits. Und wahrlich, dein Herr wird dir geben und du wirst wohlzufrieden sein. Hat Er dich nicht als Waise gefunden und aufgenommen, und dich auf dem Irrweg gefunden und richtig geführt, und dich dürftig gefunden und reich gemacht? Was die Waise angeht, so unterdrücke sie nicht. Und was den Bittenden angeht, so fahre ihn nicht an, und sprich überall von der Gnade deines Herrn.*

Mohammed begann, anderen, die ihm nahestanden, von Worten in seinen Visionen zu berichten.

> **Koran, Sure 1:1** *Im Namen Allahs, des Allerbarmers, des Barmherzigen!*
>
> **Koran, Sure 1:2** *Alles Lob gebührt Allah, dem Herrn der Welten, dem Allerbarmer, dem Barmherzigen, dem Herrscher am Tage des Gerichts!*
>
> **Koran, Sure 1:5** *Dir allein dienen wir, und Dich allein bitten wir um Hilfe. Führe uns den geraden Weg, den Weg derer, denen Du Gnade erwiesen hast, nicht den Weg derer, die Deinen Zorn erregt haben [der Juden], und nicht den Weg der Irregehenden [der Christen].*

Koran, Sure 107:1 *Hast du den gesehen, der das Gericht leugnet? Das ist der, der die Waise wegstößt und nicht zur Speisung des Armen anspornt. Wehe denjenigen Betenden, die (mit der Verrichtung) ihres Gebets nachlässig sind, die (nur dabei) gesehen werden wollen, und die Hilfeleistung verweigern.*

Koran, Sure 70:22 *Nicht so sind diejenigen, die beten und (die Verrichtung) ihrer Gebete einhalten, und die, in deren Vermögen ein bestimmter Anteil ist für den Bittenden und den Unbemittelten, und die, die an den Tag des Gerichts glauben, und die, die vor der Strafe ihres Herrn besorgt sind; wahrlich die Strafe ihres Herrn ist nichts, wovor man sicher sein könnte; und die, die ihre Scham bewahren, außer bei ihren Gattinnen oder denen, die sie von Rechts wegen besitzen; denn da sind sie nicht zu tadeln.*

Diejenigen aber, die darüber hinaus etwas suchen, das sind die Übertreter. Und die, die mit dem ihnen anvertrauten Gut redlich umgehen und erfüllen, wozu sie sich verpflichtet haben, und die, die in ihrer Zeugenaussage aufrichtig sind, und die, die ihr Gebet getreulich verrichten; diese sind es, die in den Gärten hochgeehrt sein werden.

Koran, Sure 92:5 *Jener aber, der gibt und gottesfürchtig ist und an das Beste glaubt, dem wollen Wir den Weg zum Heil leicht machen. Jener aber, der geizt und gleichgültig ist und das Beste leugnet, dem wollen Wir den Weg zur Drangsal leicht machen. Und sein Vermögen soll ihm nichts nützen, wenn er zugrunde geht.*

Koran, Sure 92:12 *Wahrlich, Uns obliegt die Rechtleitung. Und Uns gehört das Jenseits und das Diesseits; darum warne Ich euch vor einem lodernden Feuer, in dem nur derjenige brennen wird, der unselig ist, der da leugnet und den Rücken kehrt.*

Koran, Sure 92:17 *Geschont von ihm wird derjenige sein, der gottesfürchtig ist, der sein Vermögen hergibt, um sich zu reinigen,* *und nicht als Gegenleistung für erhaltene Gabe, sondern im Streben nach dem Wohlgefallen seines Herrn, des Allerhöchsten. Und er wird wohlzufrieden sein.*

Im Koran von Mekka finden sich viele Eide, die geschworen werden.

> **Koran, Sure 95:1** *Beim Feigenbaum und beim Ölbaum und beim Berge Sinai und bei dieser sicheren Ortschaft [Mekka]! Wahrlich, Wir haben den Menschen in bester Form erschaffen. Alsdann haben Wir ihn in die niedrigste Tiefe zurückgebracht, ausgenommen (davon) sind diejenigen, die glauben und Gutes tun; ihnen wird ein unverkürzter Lohn zuteil sein.*

> **Koran, Sure 95:7** *Und was veranlasst dich hernach, die Religion zu leugnen? Ist nicht Allah der gerechteste Richter?*

> **Koran, Sure 86:1** *Bei dem Himmel und bei At-Tariq! Und was lehrt dich wissen, was At-Tariq ist? (Es ist) ein Stern von durchdringender Helligkeit. Wahrlich, jede Seele hat über sich einen Hüter.*

> **Koran, Sure 86:11** *Und beim Himmel mit seiner Wiederkehr; und bei der Erde, die sich spaltet! Dies [der Koran] ist wahrlich ein entscheidendes, letztes Wort, und es ist nicht zum Scherzen.*

Gebet

Mohammed, seine Frau und sein Neffe Ali begannen bei der Kaaba mit ihren neuen Waschungsritualen und Niederwerfungsgebeten. Ein Besucher erkundigte sich nach diesen Ritualen, und man sagte ihm, es sei eine neue Religion.

> **Koran, Sure 73:1** *O [Mohammed] du Verhüllter! Verbringe die Nacht stehend (im Gebet) bis auf wenige Zeit davon, die Hälfte von ihr, oder verringere sie ein wenig, oder füge ein wenig hinzu - und trage den Qur'an mit Tartil vor. Wahrlich, Wir legen dir da ein Wort auf, das gewichtig ist. Wahrlich, der Anbruch der Nacht ist die beste Zeit zur Selbstzucht und zur Erfassung des wahren Sinnes*

der rezitierten Worte (des Qur'an). Du hast ja gewiss während des Tages eine lange Beschäftigung.

Koran, Sure 73:8 *Und gedenke des Namens deines Herrn und wende dich Ihm von ganzem Herzen zu. (Er ist) der Herr des Ostens und des Westens - es ist kein Gott außer Ihm; darum nimm Ihn zum Beschützer.*

Mekka

Mohammed lebte in Mekka, das bereits über mehrere Generationen hinweg ein religiöses Zentrum war. In der Stadt befand sich ein steinernes Gebäude, das annähernd die Form eines Würfels hatte und als Kaaba bezeichnet wurde. Einer der vielen Götter Mekkas war Allah, ein Mondgott. Die zahlreichen Gottheiten der traditionellen Religionen wiesen keine förmliche Struktur auf, doch Allah war ein Hochgott. Allah war der oberste Gott von Mohammeds Stamm, den Quraisch.

Mohammed ernannte sich selbst zum Propheten in der Tradition der Juden. Der Koran erzählt die Geschichten einiger früherer jüdischer Propheten erneut, allerdings in veränderter Form oder mit abweichenden Details.

Abraham

Koran, Sure 51:24 *Ist die Geschichte von Abrahams geehrten Gästen nicht zu dir gekommen? Als sie bei ihm eintraten und sprachen: „Frieden!" sagte er: „Frieden, unbekannte Leute." Und er ging unauffällig zu seinen Angehörigen und brachte ein gemästetes Kalb. Und er setzte es ihnen vor. Er sagte: „Wollt ihr nicht essen?" Es erfasste ihn Furcht vor ihnen. Sie sprachen: „Fürchte dich nicht." Dann gaben sie ihm die frohe Nachricht von einem klugen Knaben. Da kam seine Frau in Aufregung heran, und sie schlug ihre Wange und sagte: „(Ich bin doch) eine unfruchtbare alte Frau!"*

Koran, Sure 51:30 *Sie sprachen: „Das ist so, aber dein Herr hat gesprochen. Wahrlich, Er ist der Allweise, der Allwissende."*

Koran, Sure 51:31 *(Abraham) sagte: „Wohlan, was ist euer Auftrag, ihr Boten?" Sie sprachen: „Wir sind zu einem schuldigen Volk entsandt worden, auf dass wir Steine von Ton auf sie niedersenden, die von deinem Herrn für diejenigen gekennzeichnet sind, die nicht Maß halten."*

Koran, Sure 51:35 *Und Wir ließen alle die Gläubigen, die dort waren, fortgehen. Wir fanden dort nur ein Haus von den Gottergebenen. Und Wir hinterließen in ihr (der Stadt) ein Zeichen für jene, die die qualvolle Strafe fürchten. Und (ein weiteres Zeichen war) in Moses, als Wir ihn zu Pharao mit offenkundiger Beweismacht sandten. Da drehte dieser sich im Gefühl seiner Stärke um und sagte: „(Dies ist) ein Zauberer oder ein Wahnsinniger!" So erfassten Wir ihn und seine Heerscharen und warfen sie ins Meer; und er ist zu tadeln.*

Moses

Koran, Sure 71:15 *Ist die Geschichte von Moses zu dir gedrungen? Damals rief ihn sein Herr im heiligen Wadi Tuwa: „Geh hin zu Pharao; denn er hat das Maß überschritten. Sprich dann (zu ihm): ‚Willst du dich nicht reinigen? Und ich werde dich zu deinem Herrn führen, auf dass du dich fürchten mögest!'"*

Koran, Sure 71:20 *So zeigte er ihm das große Wunder. Er aber leugnete und blieb ungehorsam. Dann kehrte er den Rücken und lief weg, versammelte alsdann (sein Volk) und rief aus, indem er sagte: „Ich bin euer höchster Herr." Da erfasste ihn Allah zur Strafe für jene und diese Tat. Hierin ist wahrlich eine Lehre für den, der fürchtet.*

Der Koran richtet den Jüngsten Tag der Christen nach seinen Vorstellungen aus.

> **Koran, Sure 88:1** *Hat die Geschichte der Al-Gasiya dich erreicht? Manche Gesichter werden an jenem Tag niedergeschlagen sein; sie werden sich plagen und abmühen; sie werden in einem heißen Feuer brennen; sie werden aus einer kochendheißen Quelle trinken; für sie wird es keine andere Speise geben außer Dornsträuchern,die weder nähren noch Hunger stillen.*

> **Koran, Sure 88:8** *(Und manche) Gesichter werden an jenem Tage fröhlich sein, wohlzufrieden mit ihrer Mühe in einem hohen Garten, in dem sie kein Geschwätz hören, in dem eine strömende Quelle ist, in dem es erhöhte Ruhebetten gibt und bereitgestellte Becher und aufgereihte Kissen und ausgebreitete Teppiche.*

> **Koran, Sure 88:17** *Schauen sie denn nicht zu den Kamelen, wie sie erschaffen sind; und zu dem Himmel, wie er emporgehoben ist; und zu den Bergen, wie sie aufgerichtet sind; und zu der Erde, wie sie ausgebreitet worden ist?*

> **Koran, Sure 88:21** *So ermahne; denn du [Mohammed] bist zwar ein Ermahner, du hast aber keine Macht über sie. Was jedoch den anbelangt, der sich abkehrt und im Unglauben verharrt, Allah wird ihn dann mit der schwersten Strafe bestrafen.*

> **Koran, Sure 88:25** *Zu Uns ist ihre Heimkehr. Alsdann obliegt es Uns, mit ihnen abzurechnen.*

Am anschaulichsten wird die Sprache des Korans, wenn es um Paradies und Hölle geht.

> **Koran, Sure 65:10** *Und (in) die Vordersten - (sie) werden die Vordersten sein [im Gefolge Mohammeds]. Das sind die, die Allah nahe sein werden in den Gärten der Wonne. (Dies sind) eine große Schar der Früheren und einige wenige der Späteren [nachdem der Islam sich etabliert hatte]. Auf Polstern, die mit Gold durchwoben*

sind, lehnen (sie) auf diesen einander gegenüber. Bedient werden sie von Jünglingen, die nicht altern, mit Bechern und Krügen aus einer fließenden Quelle. Keinen Kopfschmerz werden sie davon bekommen, noch wird ihnen das Bewusstsein schwinden. Und Früchte, die sie sich wünschen, und Fleisch vom Geflügel, das sie begehren, und Huris [himmlische Gefährtinnen zu sexuellen Zwecken], wohlbehüteten Perlen gleich, (werden sie erhalten) als Belohnung für das, was sie zu tun pflegten. Sie werden dort weder leeres Gerede noch Anschuldigung der Sünde hören, nur das Wort: „Frieden, Frieden!"

Koran, Sure 56:27 *Und die zur Rechten - was (wisst ihr) von denen, die zur Rechten sein werden? (Sie werden) unter dornlosen Lotusbäumen (sein) und gebüschelten Bananen und endlosem Schatten, bei fließendem Wasser und vielen Früchten, die weder zu Ende gehen, noch für verboten erklärt werden, und auf erhöhten Ruhekissen. Wir haben sie (die Huris) in herrlicher Schöpfung gestaltet und sie zu Jungfrauen gemacht, zu liebevollen Altersgenossinnen derer zur Rechten. (Dies sind) eine große Schar der Früheren und eine große Schar der Späteren. Und die zur Linken - was (wisst ihr) von denen, die zur Linken sein werden? (Sie werden) inmitten von glühenden Winden und siedendem Wasser (sein) und im Schatten schwarzen Rauches, der weder kühl noch erfrischend ist. Vor diesem (Schicksal) wurden sie in der Tat mit Wohlleben verwöhnt; und (sie) verharrten in großer Sünde. Und sie pflegten zu sagen: „Wie? Wenn wir tot sind und zu Staub und Gebeinen geworden sind, dann sollen wir wirklich auferweckt werden? Und unsere Vorväter auch?"*

Koran, Sure 56:49 *Sprich: „Wahrlich, die Früheren und die Späteren werden alle zur gesetzten Frist eines bestimmten Tages versammelt werden.*

> **Koran, Sure 56:51** *Dann, o ihr Irregegangenen und Leugner [der Prophetenschaft Mohammeds], sollt ihr vom Baume Zaqqum [ein Baum der Hölle] essen und damit eure Bäuche füllen und darauf von siedendem Wasser trinken. Dann trinkt (ihr) wie die durstigen Kamele trinken." Das wird ihre Bewirtung am Tage des Gerichts sein.*

> **Koran, Sure 18:29** *Und sprich: „Es ist die Wahrheit von eurem Herrn." Darum lass den gläubig sein, der will, und den ungläubig sein, der will. Siehe, Wir haben für die Frevler ein Feuer bereitet, das sie wie eine Zeltdecke umschließen wird. Und wenn sie um Hilfe schreien, so wird ihnen mit Wasser gleich geschmolzenem Metall, das die Gesichter verbrennt, geholfen werden. Wie schrecklich ist der Trank, und wie schlimm ist die Raststätte!*

> **Koran, Sure 40:70** *(Es sind) jene, die weder an das Buch noch an das glauben, womit Wir Unsere Gesandten geschickt haben. Bald aber werden sie es wissen, wenn die Eisenfesseln und Ketten um ihren Nacken (gelegt) sein werden. Sie werden gezerrt werden in siedendes Wasser; dann werden sie ins Feuer gezogen werden. Dann wird zu ihnen gesprochen: „Wo sind nun jene, die ihr anzubeten pflegtet statt Allah?"*

I161 Jede Person, die die Offenbarungen Mohammeds zurückwies, würde auf ewig in der Hölle bestraft werden. Die Kultur der religiösen Toleranz in Mekka stieß nun auf eine neue Religion, die das Ende aller Toleranz predigte. Nur der Islam war akzeptabel.

I166 Seit das Wort verkündet war, begann Mohammed seine neue Lehre öffentlich zu predigen. Bevor er an die Öffentlichkeit ging, hatte er sich drei Jahre lang von ihr ferngehalten.

Die Araber hatten stets an Dschinn geglaubt – unsichtbare Wesen, die aus Feuer erschaffen waren. Nun tauchten sie auch im Koran auf.

Koran, Sure 114:1 *Sprich: „Ich nehme meine Zuflucht zum Herrn der Menschen, dem König der Menschen, dem Gott der Menschen, vor dem übel des Einflüsterers, der entweicht und wiederkehrt, der den Menschen in die Brust einflüstert, sei dieser von den Ginn oder den Menschen."*

Koran, Sure 61:56 *Und Ich habe die Ginn und die Menschen nur darum erschaffen, damit sie Mir dienen. Ich will keine Versorgung von ihnen, noch will Ich, dass sie Mir Speise geben. Wahrlich, Allah allein ist der Versorger, der Stärke und Festigkeit besitzt.*

Die anderen Gottheiten Mekkas wurden attackiert.

Koran, Sure 53:19 *Was haltet ihr nun von Al-Lat und Al-'Uzza und Manah [arabische Gottheiten], der dritten der anderen? Wie? Sollten euch die Knaben zustehen und Ihm die Mädchen? [Als Engel bezeichneten die Araber die Töchter Allahs] Das wäre wahrhaftig eine unbillige Verteilung. Wahrlich, es sind nur die Namen, die ihr euch ausgedacht habt - ihr und eure Väter, für die Allah keinerlei Ermächtigung herabgesandt hat. Sie folgen einem bloßen Wahn und ihren persönlichen Neigungen, obwohl doch die Weisung ihres Herrn zu ihnen kam.*

Mohammeds Aufgabe in Mekka war schwierig.

Koran, Sure 52:29 *So ermahne darum; du bist auf Grund der Gnade deines Herrn weder ein Wahrsager noch ein Besessener.*

Koran, Sure 52:30 *Oder sagen sie etwa: „(Er ist) ein Dichter; wir wollen das Unheil abwarten, das die Zeit über ihn bringen wird."? Sprich: „Wartet nur! Ich bin mit euch bei den Wartenden."*

Koran, Sure 52:32 *Ist es ihr Verstand, der ihnen solches anbefiehlt, oder sind sie ein widerspenstiges Volk? Oder sagen sie etwa: „Er hat ihn (den Qur'an) aus der Luft gegriffen."? Nein, aber sie wollen es nicht glauben. Lass sie denn eine Verkündigung gleicher Art beibringen, wenn sie die Wahrheit sagen!*

Die Mekkaner sagten, es gebe keinen Tag des Gerichts. Der Koran:

> **Koran, Sure 83:1** *Wehe denjenigen, die das Maß verkürzen, die, wenn sie sich von den Leuten zumessen lassen, volles Maß verlangen. Und dann jedoch, wenn sie es ihnen ausmessen oder auswägen, verkürzen sie es. Glauben diese nicht, dass sie auferweckt werden an einem großen Tag, an dem die Menschen vor dem Herrn der Welten stehen werden? Nein! Wahrlich das Buch der Unverschämten ist in Siggin [einem Ort in der Hölle, wo die Taten aller Sünder aufgezeichnet sind]. Und was lehrt dich wissen, was Siggin ist? (Es ist) ein geschriebenes Buch.*
>
> **Koran, Sure 83:10** *Wehe an jenem Tage den Leugnern, die den Tag des Gerichts leugnen! Und es leugnet ihn keiner als ein jeder sündhafter übertreter, der, wenn ihm Unsere Verse verlesen werden, sagt: „Fabeln der Früheren!" Nein, jedoch das, was sie zu tun pflegten, hat auf ihre Herzen Schmutz gelegt. Nein, sie werden an jenem Tage gewiss keinen Zugang zu ihrem Herrn haben. Dann werden sie wahrlich in der Al-Gahim brennen. Und es wird gesprochen werden: „Dies ist es, was ihr zu leugnen pflegtet!"*
>
> **Koran, Sure 83:18** *Nein! Das Buch der Rechtschaffenen ist gewiss in Illiyun [Ort im Paradies, wo die Taten der Gerechten verzeichnet sind]. Und was lehrt dich wissen, was 'Illiyun ist? (Es ist) ein geschriebenes Buch. Die Erwählten (Allahs) werden es sehen.*
>
> **Koran, Sure 83:22** *Wahrlich, die Rechtschaffenen werden in Wonne sein. Auf Ruhesitzen werden sie zuschauen. Erkennen wirst du auf ihren Gesichtern den Glanz der Seligkeit. Ihnen wird ein reiner, versiegelter Trank gegeben, dessen Siegel Moschus ist - und um dies mögen die Begehrenden wetteifern. Und es wird ihm von Tasnim beigemischt sein: von einer Quelle, aus der die Erwählten trinken werden.*

> **Koran, Sure 83:29** *Jene Frevler haben sich über die Gläubigen lustig gemacht; und wenn sie an ihnen vorübergingen, blinzelten sie einander zu; und wenn sie zu den Ihren zurückkehrten, kehrten sie frohlockend zurück; und wenn sie sie sahen, sagten sie: „Das sind wahrlich Irrende", obwohl sie nicht als Hüter über sie gesandt worden waren.*

> **Koran, Sure 83:34** *Heute aber sind die Gläubigen diejenigen, die sich über die Ungläubigen lustig machen; sie schauen von ihren Ruhesitzen zu. Hat es sich für die Ungläubigen gelohnt, was sie getan haben?*

I167 Es kam zu offener Feindschaft in der Stadt. Immer öfter kam es zu Streitigkeiten, die Diskussionen waren sehr hitzig. Völlige Zwietracht beherrschte die Stadt. Der Stamm begann, die neu konvertierten Muslime zu belästigen.

I171 Viele reiche und mächtige Leute, die sich Mohammed nicht beugten, erwarben sich ihren Platz im Koran.

> **Koran, Sure 96:9** *Hast du den gesehen [Abu Jahl], der da verwehrt (Unserem) Diener [Mohammed], dass er betet? Hast du gesehen, ob er auf dem rechten Weg ist oder zur Gerechtigkeit auffordert? Hast du (den) gesehen, der ungläubig ist und sich abwendet? Weiß er nicht, dass Allah (ihn) sieht?*

> **Koran, Sure 96:15** *Doch nein! Wenn er nicht (davon) ablässt, werden Wir ihn gewiss ergreifen bei der Stirnlocke, der lügenden, sündigen Stirnlocke. [Ein Zeichen der Schande in der arabischen Kultur] So möge er dann seine Mitverschworenen anrufen [die anderen Mekkaner]; Wir werden die Höllenwächter herbeirufen. Doch nein! Gehorche ihm nicht und wirf dich in Anbetung nieder und nahe dich (Allah).*

> **Koran, Sure 111:1** *Zugrunde gehen sollen die Hände Abu Lahabs [Mohammeds Onkel, ein Gegner]! Und (auch er selbst) soll*

zugrunde gehen! Nichts soll ihm sein Vermögen nützen, noch das, was er erworben hat; er wird in einem flammenden Feuer brennen, und seine Frau wird das Brennholz tragen. Um ihren Hals ist ein Strick aus Palmfasern.

I178 Durch günstige Umstände fühlten die Araber aus Medina sich sehr zu Mohammeds Botschaft hingezogen. Da die Hälfte der Einwohnerschaft aus Juden bestand, waren die medinensischen Araber es gewohnt, vom einen Gott zu sprechen.

Öffentliche Lehrtätigkeit

Kapitel 3

3:32 Sprich: „Gehorcht Allah und dem Gesandten!" Und wenn sie sich abwenden, so liebt Allah die Ungläubigen nicht.

Die Streitigkeiten gingen weiter. Der Koran ist voll mit Anklagen gegen die Mekkaner, die mit Mohammed stritten.

> **Koran, Sure 25:32** *Und jene, die ungläubig sind, sagen: „Warum ist ihm der Qur'an nicht in einem Zuge herabgesandt worden?" Dies (geschieht), weil Wir dein Herz dadurch stärken wollen, und Wir haben seine Anordnung recht gut gemacht.*
>
> **Koran, Sure 25:33** *Und sie kommen mit keinem Gleichnis zu dir, ohne dass Wir die Wahrheit und die schönste Erklärung brächten. Diejenigen, die auf ihren Gesichtern in Gahannam versammelt werden – sie werden in der schlimmsten Lage und vom Weg am weitesten abgeirrt sein.*
>
> **Koran, Sure 18:56** *Und Wir schickten die Gesandten ja nur als Bringer froher Botschaft und als Warner. Die aber, die ungläubig sind, streiten in Falschheit, um dadurch die Wahrheit zu widerlegen. Und sie verspotten Meine Zeichen und das, womit sie gewarnt werden. Und wer ist ungerechter als der, der an die Zeichen seines Herrn gemahnt wurde, sich aber von ihnen abwandte und vergaß, was seine Hände vorausgeschickt hatten? Wahrlich, Wir haben Schleier über ihre Herzen gelegt, so dass sie es nicht begreifen, und Taubheit in ihre Ohren. Und selbst wenn du sie zum rechten Weg rufst, werden sie nie den rechten Weg einschlagen.*

Die Mekkaner hielten Mohammed für wahnsinnig und verspotteten ihn.

> **Koran, Sure 37:12** *Nein, du [Mohammed] staunst, und sie spotten. Und wenn sie [die Mekkaner] ermahnt werden, so beachten sie es nicht. Und wenn sie ein Zeichen sehen, so verdrehen sie es zu Spott, und sie sagen: „Das ist nichts als offenkundige Zauberei. Wie? Wenn wir tot sind und zu Staub und Gebeinen geworden sind, dann sollen wir wieder auferweckt werden? Oder etwa unsere Vorväter?"*

> **Koran, Sure 37:34** *So verfahren Wir mit den Schuldigen; denn als zu ihnen gesprochen wurde: „Es ist kein Gott außer Allah", da verhielten sie sich hochmütig und sagten: „Sollen wir unsere Götter wegen eines besessenen Dichters aufgeben?"*

> **Koran, Sure 37:37** *Nein, er [Mohammed] hat die Wahrheit gebracht und die Gesandten bestätigt. Ihr werdet sicher die peinvolle Strafe kosten. Und ihr werdet nur für das, was ihr selbst gewirkt habt, belohnt werden. Ausgenommen (davon sind) die erwählten Diener Allahs. Diese sollen eine zuvor bekannte Versorgung erhalten: Früchte; und sie sollen geehrt werden in den Gärten der Wonne, auf Ruhebetten einander gegenüber (sitzend), während ein unerschöpflicher Becher unter ihnen die Runde macht. (Er ist) weiß und wohlschmeckend für die Trinkenden. Er wird keinen Rausch erzeugen, noch werden sie davon müde werden. Und bei ihnen werden (Keusche) [Huris] sein, die züchtig aus großen Augen blicken, als ob sie verborgene Perlen wären. Und einige von ihnen werden sich an die anderen wenden, um sich gegenseitig zu befragen. Einer ihrer Sprecher wird sagen: „Ich hatte einen Gefährten, der zu fragen pflegte: ‚Hältst du tatsächlich (die Auferstehung) für wahr? Wenn wir tot sind und zu Staub und Gebeinen geworden sind, dann sollen uns (unsere Taten) wirklich vergolten werden?'"*

> **Koran, Sure 37:54** *Er wird fragen: „Wollt ihr (ihn) schauen?" Dann wird er schauen und ihn inmitten der Al-Gahim sehen. Er wird*

sagen: „Bei Allah, beinahe hättest du mich ins Verderben gestürzt. Und wäre nicht die Gnade meines Herrn gewesen, hätte ich sicher zu denen gehört, die (zum Feuer) gebracht werden."

I183 Mohammed predigte weiterhin die Herrlichkeit Allahs und verurteilte die Religion der Quraisch. Er sagt ihnen, ihre Art zu leben sei falsch, ihre Vorfahren würden in der Hölle brennen; er verfluchte ihre Götter, verachtete ihre Religion und spaltete die Gemeinschaft, indem er einen Stammesangehörigen gegen den anderen aufbrachte. Die Quraisch empfanden all das als unerträglich. Sie waren stets den Weg der Toleranz gegangen.

> **Koran, Sure 21:107** *Und Wir entsandten dich nur aus Barmherzigkeit für alle Welten. Sprich: „Mir wird lediglich offenbart, dass euer Gott nur ein Einziger Gott ist! Wollt ihr euch denn nicht ergeben?" Doch wenn sie (dir) den Rücken kehren, so sprich: „Ich habe euch die Kunde in gerechter Weise entboten und ich weiß nicht, ob nahe oder fern ist, was euch verheißen wird. Wahrlich, Er kennt, was in eurer Rede offenkundig ist, und Er weiß, was ihr verheimlicht. Und ich weiß nicht, ob es vielleicht nur eine Prüfung für euch oder ein Nießbrauch auf bestimmte Zeit ist." Er sprach: „Mein Herr, richte in Wahrheit." Und „Unser Herr ist der Allerbarmer, Dessen Hilfe gegen das, was ihr behauptet, anzuflehen ist."*

Er sprach weiterhin von Allah und dem Koran. Der Koran nimmt viele Male Bezug auf sich selbst und liefert Beweise für seine Wahrheit.

> **Koran, Sure 67:16** *Fühlt ihr euch sicher davor, dass Der, Der im Himmel ist, nicht die Erde unter euch versinken lässt, und sie dann ins Wanken gerät? Oder fühlt ihr euch sicher davor, dass Der, Der im Himmel ist, nicht einen Sandsturm gegen euch schickt? Dann werdet ihr wissen, wie Meine Warnung war! Und schon jene leugneten, die vor ihnen waren; wie war dann (die Folge) Meiner Verleugnung!*

Koran, Sure 67:19 *Haben sie nicht die Vögel über sich gesehen, wie sie ihre Flügel ausbreiten und sie dann einziehen? Kein Anderer als der Allerbarmer hält sie (in der Luft). Wahrlich, Er ist aller Dinge gewahr.*

Koran, Sure 67:20 *Oder wer ist es, der eine Heerschar für euch wäre, um euch gegen den Allerbarmer beizustehen? Die Ungläubigen sind wahrlich völlig betört. Oder wer ist es, der euch versorgen würde, wenn Er Seine Versorgung zurückhielte? Nein, sie verharren in Trotz und in Widerwillen. Wie? Ist denn der, der mit zur Erde gebeugtem Gesicht einhergeht, besser rechtgeleitet als jener, der aufrecht auf dem geraden Weg geht?*

Koran, Sure 67:1 *Segensreich ist Der, in Dessen Hand die Herrschaft ruht; und Er hat Macht über alle Dinge, (Er) Der den Tod erschaffen hat und das Leben, auf dass Er euch prüfe, wer von euch die besseren Taten verrichte; und Er ist der Erhabene, der Allvergebende, Der die sieben Himmel in Schichten erschaffen hat. Keinen Fehler kannst du in der Schöpfung des Allerbarmers sehen. So wende den Blick (zu ihnen) zurück: erblickst du irgendeinen Mangel?*

Hier noch andere Referenzen, bei denen der Koran auf sich selbst verweist:

Koran, Sure 44:1 *Ha Mim*[6]*. Bei dem deutlichen Buch!*

Koran, Sure 44:3 *Wahrlich, Wir haben es in einer gesegneten Nacht herabgesandt - wahrlich, Wir haben damit gewarnt; in dieser (Nacht) wird jegliche weise Sache entschieden auf Grund Unseres Befehls. Wahrlich, Wir haben (Gesandte) geschickt als eine Barmherzigkeit von deinem Herrn; Er ist der Allhörende, der Allwissende.*

---

6 Der erste Vers der meisten Koransuren enthält Worte wie zum Beispiel Ha Mim. Keiner kennt ihre Bedeutung oder ihren Zweck.

Wiederholt steht im Koran, Arabisch sei die wahre Sprache Allahs.

> **Koran, Sure 20:112** *Und der aber, der gute Werke tut und dabei gläubig ist, wird weder Ungerechtigkeit noch Unterdrückung (zu) fürchten (haben). Und somit haben Wir (die Schrift) als arabischen Qur'an niedergesandt, und Wir haben darin gewisse Warnungen klar gemacht, auf dass sie (Ihn) fürchten mögen oder (wünschen mögen) dass er ihnen eine Ermahnung bringe. Hocherhaben ist Allah, der wahre König! Und überhaste dich nicht mit dem Qur'an, ehe seine Offenbarung dir nicht vollständig zuteil geworden ist, sondern sprich: „O mein Herr, mehre mein Wissen."*

> **Koran, Sure 26:192** *Und wahrlich, dies ist eine Offenbarung vom Herrn der Welten, die von Gabriel, dem Vertrauenswürdigen, herabgebracht worden ist auf dein [Mohammeds] Herz, auf dass du einer der Warner sein mögest in arabischer Sprache, die deutlich ist. Und ganz gewiss steht dies in den Schriften der Früheren. Gilt es ihnen denn nicht als Zeichen, dass die Kundigen unter den Kindern Israels ihn kennen? Und hätten Wir ihn zu einem Nichtaraber herabgesandt, und hätte er ihn ihnen vorgelesen, würden sie (doch) nie an ihn geglaubt haben.*

Mohammed machte weiterhin klar, dass das Nicht-Glauben der Worte, die er von Allah überbrachte, zu einem grausamen und schmerzlichen Leben in der Ewigkeit führen würde.

> **Koran, Sure 76:4** *Wahrlich, Wir haben für die Ungläubigen Ketten, eiserne Nackenfesseln und einen Feuerbrand bereitet.*

> **Koran, Sure 76:5** *Die Rechtschaffenen aber trinken aus einem Becher, dem Kampfer beigemischt ist. (Er wird gespeist aus) einer Quelle, von der die Diener Allahs trinken, und die sie in reichlichem Maße hervorsprudeln lassen. Sie vollbringen das Gelübde, und sie fürchten einen Tag, dessen Unheil sich weithin ausbreitet. Und sie*

geben Speise – und mag sie ihnen (auch) noch so lieb sein – dem Armen, der Waise und dem Gefangenen, (indem sie sagen:) „Wir speisen euch nur um Allahs Willen. Wir begehren von euch weder Lohn noch Dank dafür. Wahrlich, wir fürchten von unserem Herrn einen finsteren, unheilvollen Tag."

Koran, Sure 76:11 *Darum wird Allah sie vor dem Übel jenes Tages bewahren und ihnen Herzensfreude und Glückseligkeit bescheren. Und Er wird sie für ihre Geduld mit einem Paradies und seidenen (Gewändern) belohnen. Darin lehnen sie auf erhöhten Sitzen, (und) sie werden dort weder Sonnenhitze noch Eiseskälte erleben. Und seine Schatten werden tief auf sie herabreichen, und seine gebüschelten Früchte machen sich ganz leicht zu greifen. Und Trinkgefäße aus Silber werden unter ihnen die Runde machen, und Pokale, (durchsichtig) wie Glas, Gläser aus Silber; und sie werden ihren Umfang selbst bemessen können. Und es wird ihnen dort ein Becher zu trinken gereicht werden, dem Ingwer beigemischt ist. (Er wird gespeist aus) einer Quelle darin, die Salsabil genannt wird. Und es werden sie dort ewig junge Knaben bedienen. Wenn du sie siehst, hältst du sie für verstreute Perlen. Und wohin du dort auch schauen magst, so wirst du ein Wohlleben und ein großes Reich erblicken. Sie werden Gewänder aus feiner, grüner Seide und Brokat tragen. Sie werden mit silbernen Spangen geschmückt sein. Und ihr Herr wird sie von einem reinen Trank trinken lassen. „Das ist euer Lohn, und euer Bemühen ist mit Dank angenommen worden."*

Koran, Sure 76:23 *Wahrlich, Wir Selbst haben dir den Qur'an als Offenbarung herabgesandt. So warte geduldig auf den Befehl deines Herrn und gehorche keinem, der ein Sünder oder ein Ungläubiger unter ihnen ist. Und gedenke des Namens deines Herrn am Morgen und am Abend. Und wirf dich in einem Teil der Nacht vor Ihm in Anbetung nieder und preise Seine Herrlichkeit einen langen Teil der Nacht hindurch.*

Koran, Sure 76:27 *Wahrlich, diese lieben das Weltliche und vernachlässigen den Tag, der hinterher auf (ihnen) lastet. Wir haben sie erschaffen und ihrer Beschaffenheit Festigkeit verliehen; und wenn Wir wollen, können Wir andere ihresgleichen an ihre Stelle setzen. Wahrlich, dies ist eine Ermahnung. So möge, wer da will, einen Weg zu seinem Herrn einschlagen. Und ihr könnt nur wollen, wenn Allah will. Wahrlich, Allah ist Allwissend, Allweise. Er lässt, wen Er will, in Seine Barmherzigkeit eingehen, und für die Frevler hat Er eine qualvolle Strafe bereitet.*

Mekka war eine Kleinstadt, und man beriet sich in Versammlungen, wie mit Mohammed verfahren werden sollte.

Koran, Sure 43:79 *Oder haben sie sich für einen Plan entschlossen? Nun, auch Wir haben Uns entschlossen. Oder meinen sie etwa, dass Wir nicht hören, was sie geheimhalten und was sie besprechen? Doch, und Unsere Boten bei ihnen schreiben es auf.*

Koran, Sure 38:1 *Sad. Beim Qur'an mit der Ermahnung! Die, die aber ungläubig sind, verharren in falschem Stolz und Feindseligkeit. Wie oft ließen Wir so manches Geschlecht schon vor ihnen zugrunde gehen! Sie schrien, als keine Zeit mehr zum Entrinnen war.*

Koran, Sure 38:4 *Und sie wundern sich, dass ein Warner aus ihrer Mitte zu ihnen gekommen ist; und die Ungläubigen sagen: „Das ist ein Zauberer, ein Lügner. Macht er die Götter zu einem einzigen Gott? Dies ist wahrlich ein wunderbares Ding." Und die Vornehmen unter ihnen [die Oppositionsführer gegen Mohammed in Mekka] liefen davon (und sagten): „Geht und haltet an euren Göttern fest. Das ist es, was man beabsichtigt. Wir haben hiervon nie etwas in der früheren Religion gehört. Dies ist nichts als eine Dichtung.*

Koran, Sure 38:8 *Ist die Ermahnung unter uns nur zu ihm [Mohammed] allein gekommen?" Nein, sie hegen Zweifel über Meine Ermahnung. Nein, sie haben Meine Strafe nicht gekostet. Besitzen sie etwa die Schätze der Barmherzigkeit deines Herrn, des Allmächtigen, des Gabenverleihers? Oder gehört ihnen das Königreich der Himmel und der Erde und dessen, was zwischen beiden ist? Mögen sie nur weiter Mittel und Wege (gegen Mich) ersinnen. Eine Heerschar der Verbündeten [Gegner Mohammeds] wird in die Flucht geschlagen werden.*

Weitere Streitigkeiten mit den Mekkanern

I188, I189 Eine weitere Gruppe von Mekkanern ließ Mohammed kommen, damit sie diese schmerzliche Spaltung der Stämme vielleicht beilegen konnte. Sie gingen den ausgetretenen Pfad, und wiederum lehnte Mohammed das Geld und die Macht ab, die sie ihm boten. Er sagte, sie müssten sich entscheiden, ob sie in der nächsten Welt leiden wollten oder nicht, und er allein hätte die Lösung. Falls sie ihn und seine Botschaft zurückweisen würden, würde Allah sie sich vornehmen. Einer der Quraisch sagte:

> *„Nun, wenn er im Namen des wahren Gottes spricht und ihn vertritt, dann könnte sein Allah vielleicht etwas für sie tun."*
>
> *„Dieses Land ist trocken. Soll doch sein Allah ihnen einen Fluss in die Gegend von Mekka schicken."*
>
> *„Sie leben alle an den Bergen zusammengedrängt. Soll doch sein Allah etwas Platz schaffen, indem er die Berge nach hinten versetzt."*
>
> *„Unsere besten Stammesmitglieder sind tot. Soll sein Allah sie doch wieder zum Leben erwecken, und soll er vor allem den besten Führer ihres Stammes, Qusayy, zu ihnen zurückbringen. Wir werden Qusayy fragen, ob du die Wahrheit sprichst oder nicht."*

I189 Mohammed sagte, er sei als Botschafter gekommen, aber nicht, um solche Werke zu vollbringen. Sie könnten seine Botschaft entweder annehmen oder zurückweisen und damit den Verlust in Kauf nehmen. Da sagte einer von ihnen:

> *„Wenn du deinen Allah nicht bemühen willst, uns zu helfen, dann bemühe ihn doch, damit er dir selbst hil . Schicke einen Engel zu deiner Bestätigung, der uns beweist, dass wir uns irren. Solange der Engel anwesend ist, soll er für dich einen Garten und ein schönes Heim bereiten und dich mit allem Gold und Silber beschenken, das du brauchst. Wenn du das tust, werden wir wissen, dass du ein Vertreter Allahs bist und wir uns irren."*

Die Quraisch forderten Wunder als Beweis.

> **Koran, Sure 15:4** *Wir haben nie eine Stadt zerstört, ohne dass ihr eine wohlbekannte Frist bemessen gewesen wäre. Kein Volk kann seine Frist überschreiten; noch können sie dahinter zurückbleiben. Und sie sagten: „O du [Mohammed], zu dem die Ermahnung herabgesandt wurde, du bist wahrlich ein Verrückter. Warum bringst du nicht Engel zu uns, wenn du einer der Wahrhaftigen bist?"*

> **Koran, Sure 15:8** *Wahrlich, Wir senden keine Engel hinab, außer aus triftigem Grunde, und dann wird ihnen kein Aufschub gewährt. Wahrlich, Wir Selbst haben diese Ermahnung herabgesandt, und sicherlich werden Wir ihr Hüter sein. Und wahrlich, Wir entsandten schon vor dir (Gesandte) zu den Parteien der Früheren. Und nie kam ein Gesandter zu ihnen, über den sie nicht gespottet hätten. So lassen Wir diese (Spottlust) in die Herzen der Sünder einziehen. Sie glauben nicht daran, obwohl sich das Beispiel der Früheren ereignet hat. Und selbst wenn Wir ihnen ein Tor des Himmels öffneten und sie begännen dadurch hinaufzusteigen, sie würden gewiss sagen: „Nur unsere Blicke sind benommen; wahrlich, man hat uns nur etwas vorgegaukelt."*

I189 Mohammed vollbrachte keine Wunder, denn solche Dinge waren es nicht, mit denen Allah ihn beauftragt hatte. Dann sagten sie:

„Wusste dein Herr denn nicht, dass wir dir diese Fragen stellen würden? Dann hätte dein Herr ein paar bessere Antworten zurechtlegen können. Und dein Herr hätte dir mitteilen können, was du zu uns sagen sollst, wenn wir nicht glauben. Wir haben gehört, du empfängst diesen Koran von einem Mann aus einer anderen Stadt namens Al Rahman. Wir glauben nicht an Al Rahman. Unser Gewissen ist rein. Entweder wir müssen dich vernichten, oder du musst uns vernichten. Hol deine Engel, und wir werden ihnen glauben."

Koran, Sure 26:204 *Ist es denn Unsere Strafe, die sie beschleunigen wollen? Siehst du nicht, wie Wir sie jahrelang genießen lassen? Dann aber kommt das zu ihnen, was ihnen angedroht wurde. Nichts nützt ihnen dann all das, was sie genießen durften. Und nie zerstörten Wir eine Stadt, ohne dass sie Warner gehabt hätte, zur Ermahnung; und nie sind Wir ungerecht.*

Koran, Sure 26:210 *Und die Satane haben ihn (den Qur'an) nicht herabgebracht, noch schickt es sich für sie, noch vermögen sie es; denn sie sind vom Lauschen ferngehalten. Rufe daher außer Allah keinen anderen Gott an, damit du nicht zu denen gehörst, die bestraft werden. Und warne deine nächsten Verwandten*

Koran, Sure 26:215 *und senke deinen Flügel über die Gläubigen, die dir folgen. Sind sie dir dann aber ungehorsam, so sprich: „Ich bin schuldlos an dem, was ihr tut." Und vertraue auf den Erhabenen, den Barmherzigen, Der dich sieht, wenn du (im Gebet) dastehst, und (Der) deine Bewegungen inmitten derer, die sich (vor Ihm) niederwerfen, (sieht); denn Er ist der Allhörende, der Allwissende.*

I191 Mohammed ging zur Kaaba und erzählte den Mekkanern, was für schreckliche Strafen Allah anderen im Laufe der Geschichte geschickt habe, die ihren Propheten nicht geglaubt hatten.

Dies war von nun an eine seiner ständigen Drohungen. Allah hatte andere wie sie vernichtet, die Männern wie ihm nicht glauben wollten.

> **Koran, Sure 36:1** *Ya Sin. Beim vollkommenen Qur'an, du bist wahrlich einer der Gesandten, der auf einem geraden Weg ist. (Dies ist) eine Offenbarung des Erhabenen, des Barmherzigen, auf dass du Leute warnst, deren Väter nicht gewarnt worden sind, und die daher achtlos sind.*

> **Koran, Sure 36:7** *Bereits hat sich das Wort gegen die meisten von ihnen als wahr erwiesen; denn sie glauben nicht. Um ihren Hals haben Wir Fesseln gelegt, die bis an das Kinn reichen, so dass ihr Haupt hochgezwängt ist. Und Wir haben vor ihnen einen Wall errichtet und ebenso hinter ihnen einen Wall (errichtet), und Wir haben sie verhüllt, so dass sie nicht sehen können. Und ihnen ist es gleich, ob du sie warnst oder ob du sie nicht warnst; sie werden nicht glauben. Du vermagst nur den zu warnen, der die Ermahnung befolgt und den Allerbarmer im Verborgenen fürchtet. Gib ihm darum die frohe Botschaft von Vergebung und einem ehrenvollen Lohn. Wahrlich, Wir sind es, Die die Toten beleben, und Wir schreiben das auf, was sie begehen, zugleich mit dem, was sie zurücklassen; und alle Dinge haben Wir in einem deutlichen Buch verzeichnet.*

Gemäß dem Koran wurden die alten Städte Arabiens zerstört, weil sie ihrem Propheten nicht glaubten.

> **Koran, Sure 26:141** *Die Tamud [Einwohner einer verfallenen nabatäischen Stadt bei Medina] bezichtigten die Gesandten der Lüge, als ihr Bruder Salih zu ihnen sagte: „Wollt ihr nicht gottesfürchtig sein? In Wahrheit, ich bin euch ein vertrauenswürdiger Gesandter. So fürchtet Allah und gehorcht mir. Und ich verlange von euch keinen Lohn dafür; mein Lohn ist allein beim Herrn der Welten. Werdet ihr etwa sicher zurückbleiben unter den Dingen,*

die hier sind, unter Gärten und Quellen und Kornfeldern und Dattelpalmen mit Blütendolden, die fast brechen? Und aus den Bergen hauet ihr euch Wohnungen geschickt aus. So fürchtet Allah und gehorcht mir. Und gehorcht nicht dem Befehl derer, die nicht Maß halten, die Verderben auf Erden stiften und keine guten Werke verrichten."

Koran, Sure 27:45 *Und wahrlich, Wir entsandten zu den Tamud ihren Bruder Salih (der sagte): „Verehrt Allah!" Doch siehe, sie spalteten sich in zwei Parteien, die miteinander stritten. Er sagte: „O mein Volk, weshalb wollt ihr lieber das Böse beschleunigt sehen als das Gute? Warum bittet ihr Allah nicht um Vergebung damit euch Barmherzigkeit zuteil werde?"*

Koran, Sure 27:47 *Sie sagten: „Wir ahnen Böses von dir und von denen, die mit dir sind." Er sagte: „Euer Unheil ist bereits bei Allah. Nein, ihr seid ein Volk, das geprüft wird."*

Koran, Sure 27:48 *Und es waren in der Stadt neun Führer, die Unheil im Lande stifteten, und sie wollten nicht für Ordnung sorgen. Sie sagten: „Schwört einander bei Allah, dass wir ihn (Salih) und seine Angehörigen gewiss bei Nacht überfallen und dann zu seinen Hinterlassenen sagen wollen: ‚Wir waren keine Zeugen vom Untergang seiner Familie, und wir reden bestimmt die Wahrheit.'" Sie schmiedeten einen Plan, (und) auch Wir schmiedeten einen Plan, aber sie gewahrten es nicht. Sieh nun wie der Ausgang ihres Planes war; denn Wir vernichteten sie und all ihr Volk ganz und gar. Und dort sind ihre Häuser, verfallen ihres Frevelns wegen. Hierin ist wahrlich ein Zeichen für Leute, die es wissen. Und Wir erretteten jene, die glaubten und gottesfürchtig waren.*

Im Koran von Mekka wurden die jüdischen Geschichten so überarbeitet, dass sie Mohammed zur Ehre gereichten. Hier einige Geschichten von David, dem König der Juden:

Koran, Sure 38:17 *Ertrage in Geduld, was sie reden, und gedenke Unseres Dieners David, des Kraftvollen. Er war gehorsam. Wahrlich, Wir machten (ihm) die Berge dienstbar, um mit ihm am Abend und beim Sonnenaufgang (Allah) zu lobpreisen. Und die Vögel in Scharen - alle waren sie ihm gehorsam. Und Wir festigten sein Königreich und gaben ihm Weisheit und ein unwiderrufliches Urteilsvermögen.*

Koran, Sure 38:21 *Ist die Geschichte von den Streitenden auch zu dir gelangt? Wie sie über die Mauer (seines) Gebetsgemachs kletterten (und) wie sie bei David eindrangen und er sich vor ihnen fürchtete? Sie sagten: „Fürchte dich nicht. (Wir sind) zwei Streitende, von denen einer sich gegen den anderen vergangen hat; richte darum in Gerechtigkeit zwischen uns und handle nicht ungerecht und leite uns auf den ebenen Weg. Dieser ist mein Bruder; er hat neunundneunzig Mutterschafe, und ich habe ein einziges Mutterschaf. Dennoch sagte er: ‚übergib es mir', und hat mich in der Rede überwunden."*

Koran, Sure 38:24 *Er (David) sagte: „Wahrlich, er hat ein Unrecht an dir verübt, als er dein Mutterschaf zu seinen eigenen Mutterschafen hinzuverlangte. Und gewiss, viele Teilhaber vergehen sich gegeneinander; nur die (sind davon) ausgenommen, die glauben und gute Werke tun; und das sind wenige." Und David merkte, dass Wir ihn auf die Probe gestellt hatten; also bat er seinen Herrn um Verzeihung und fiel betend nieder und bekehrte sich.*

Koran, Sure 38:25 *Darum vergaben Wir ihm dies; und wahrlich, er hatte nahen Zutritt zu Uns und eine herrliche Einkehr (bei Uns). „O David, Wir haben dich zu einem Nachfolger auf Erden gemacht; richte darum zwischen den Menschen in Gerechtigkeit, und folge nicht (deinen) persönlichen Neigungen, damit sie dich nicht vom Weg Allahs abirren lassen." Wahrlich, jenen, die von Allahs Weg* *abirren, wird eine strenge Strafe zuteil sein, weil sie den Tag der Abrechnung vergaßen.*

Noah gilt im Islam als einer der Propheten.

Koran, Sure 71:1 *Wahrlich, Wir sandten Noah zu seinem Volk (und sprachen:) „Warne dein Volk, bevor über sie eine schmerzliche Strafe kommt." Er sagte: „O mein Volk! Wahrlich, ich bin für euch ein deutlicher Warner, auf dass ihr Allah dienen und Ihn fürchten und mir gehorchen mögt. Dann wird Er euch etwas von euren Sünden vergeben und euch Aufschub bis zu einer bestimmten Frist gewähren. Wahrlich, Allahs Termin kann nicht verschoben werden, wenn er fällig ist - wenn ihr es nur wüsstet!"*

Koran, Sure 71:5 *Er sagte: „Mein Herr, ich habe mein Volk bei Nacht und Tag (zum Glauben) aufgerufen. Doch mein Ruf hat nur bewirkt, dass sie mehr und mehr davonliefen; und sooft ich sie rief, dass Du ihnen vergeben mögest, steckten sie ihre Finger in die Ohren und hüllten sich in ihre Gewänder und verharrten (in ihrem Zustand) und wurden allzu hochmütig. Dann rief ich sie laut vernehmbar auf. Dann predigte ich ihnen öffentlich, und ich redete zu ihnen im geheimen, und ich sagte: ‚Sucht Vergebung bei eurem Herrn; denn Er ist Allvergebend. Er wird Regen für euch in Fülle herniedersenden; und Er wird euch mit Glücksgütern und Kindern stärken und wird euch Gärten bescheren und für euch Flüsse strömen lassen. Was ist mit euch, dass ihr Allah nicht (in der Ihm gebührenden Weise) ehrt, wo Er euch doch in (verschiedenen) Phasen erschaffen hat?'"*

Koran, Sure 71:15 *Habt ihr nicht gesehen, wie Allah sieben aufeinander geschichtete Himmel erschaffen hat und den Mond als ein Licht in sie gesetzt hat? Und gemacht hat Er die Sonne zu einer Leuchte. Und Allah hat euch wie die Pflanzen aus der Erde wachsen lassen. Dann wird Er euch wieder in sie zurückkehren lassen, und*

Er wird euch dann aus ihr hervorbringen. Und Allah hat die Erde für euch zu einer ausgelegten Fläche gemacht, auf dass ihr auf ihren gangbaren Wegen ziehen mögt. Noah sagte: „Mein Herr, sie haben mir nicht gehorcht und sind einem gefolgt, dessen Reichtum und Kinder nur sein Verderben verstärkt haben."

Koran, Sure 71:22 *Und sie haben gewaltige Ränke geschmiedet. Und sie sagen (zueinander): „Lasst eure Götter nicht im Stich. Und verlasst weder Wadd noch Suwa noch Yagutund Yauq und Nasr [Die Namen semitischer Götter]". Und wahrlich, sie haben viele verführt; so mache, dass die Ungerechten selber um so mehr in die Irre gehen. Ihrer Sünden wegen wurden sie ertränkt und in ein Feuer gebracht. Und dort konnten sie keine Helfer für sich gegen Allah finden.*

Koran, Sure 71:26 *Und Noah sagte: „Mein Herr, lass auf der Erdoberfläche keinen einzigen von den Ungläubigen (übrig); denn wenn Du sie lässt, so werden sie nur Deine Diener verführen und werden nur eine unverschämte Nachkommenschaft von Ungläubigen zeugen. Mein Herr, vergib mir und meinen Eltern und dem, der mein Haus gläubig betritt, und den gläubigen Männern und den gläubigen Frauen; und stürze die Ungerechten aber um so tiefer ins Verderben."*

Hier einige weitere Bezugsstellen zum Judentum:

Koran, Sure 38:41 *Und gedenke Unseres Dieners Hiob, als er seinen Herrn anrief: „Satan hat mich berührt mit Mühsal und Pein." „Stampfe mit deinem Fuß auf. Hier ist kühles Wasser zum Waschen und zum Trinken." Und Wir schenkten ihm seine Angehörigen (wieder) und noch einmal so viele dazu von Uns als Barmherzigkeit und als Ermahnung für die Verständigen. Und (Wir sprachen): „Nimm ein Bündel in deine Hand und schlage damit zu* *und werde nicht eidbrüchig."[7] Wahrlich, Wir fanden ihn geduldig. (Er war) ein vortrefflicher Diener; stets wandte er sich (Allah) zu.*

Koran, Sure 38:45 *Und gedenke Unserer Diener Abraham, Isaak und Jakob - Männer von Kraft und Einsicht. Wir erwählten sie zu einem besonderen Zweck - zur Erinnerung an die Wohnstatt (des Jenseits). Und wahrlich, vor Uns gehören sie zu den Auserwählten, den Besten.*

Koran, Sure 38:48 *Und gedenke Ismaels, Elisas und Du-l-Kifls [Hesekiel]; sie alle gehören zu den Besten.*

Koran, Sure 38:49 *Dies ist eine Ermahnung; den Rechtschaffenen wird gewiss eine herrliche Stätte der Rückkehr zuteil sein: die Gärten von Eden, deren Tore für sie geöffnet sind. Dort werden sie zurückgelehnt ruhen; dort werden sie Früchte in Mengen und reichlich Trank haben. Und bei ihnen werden (Keusche) sein, die züchtig blicken, Gefährtinnen gleichen Alters. Dies ist, was euch für den Tag der Abrechnung verheißen wurde. Wahrlich, das ist Unsere Versorgung; nie wird sie sich erschöpfen.*

Abraham

Koran, Sure 37:83 *Und wahrlich, von seiner Art war Abraham, als er zu seinem Herrn mit heilem Herzen kam (und) als er zu seinem Vater und zu seinem Volk sagte: „Was verehrt ihr da? Ist es eine Lüge - Götter außer Allah, was ihr begehrt? Was denkt ihr denn vom Herrn der Welten?"*

Koran, Sure 37:88 *Dann warf er einen Blick zu den Sternen und sagte: „Mir ist übel." [Abrahams Leute beteten auch die Sterne an] Da kehrten sie ihm den Rücken (und) gingen fort. Nun wandte er*

---

7 Hiob schwor, seiner Frau einhundert Schläge zu verpassen. Später wurde er milder, und zur Erfüllung seines Eids nahm er einhundert kleine Zweige in die Hand und schlug sie damit einmal.

sich heimlich an ihre Götter und sagte: „Wollt ihr nicht essen? Was ist euch, dass ihr nicht redet?" Dann begann er sie plötzlich mit der Rechten zu schlagen.

Koran, Sure 37:94 *Da kamen sie zu ihm geeilt. Er sagte: „Verehrt ihr das, was ihr gemeißelt habt, obwohl Allah euch und das, was ihr gemacht habt, erschaffen hat?" Sie sagten: „Baut einen Bau für ihn und werft ihn in die Al-Gahim!" Sie wollten Ränke gegen ihn schmieden, allein Wir machten sie zu den Niedrigsten. Und er sagte: „Seht, ich gehe zu meinem Herrn, Der mich rechtleiten wird. Mein Herr, gewähre mir einen rechtschaffenen (Sohn)." Dann gaben Wir ihm die frohe Botschaft von einem sanftmütigen Sohn.*

Koran, Sure 37:102 *Als er [Ismael] alt genug war, um mit ihm zu arbeiten, sagte er: „O mein Sohn, ich sehe im Traum, dass ich dich schlachte. Nun schau, was meinst du dazu?" Er sagte: „O mein Vater, tu, wie dir befohlen wird; du sollst mich - so Allah will - unter den Geduldigen finden."*

Koran, Sure 37:103 *Als sie sich beide (Allahs Willen) ergeben hatten und er ihn mit [seinen Sohn Ismael] der Stirn auf den Boden hingelegt hatte, da riefen Wir ihm zu: „O Abraham, du hast bereits das Traumgesicht erfüllt." So belohnen Wir die, die Gutes tun. Wahrlich, das ist offenkundig eine schwere Prüfung. Und Wir lösten ihn durch ein großes Schlachttier [einen Widder] aus. Und Wir bewahrten seinen Namen unter den künftigen Geschlechtern.*

Koran, Sure 37:109 *Friede sei auf Abraham! So belohnen Wir die, die Gutes tun. Er gehörte zu Unseren gläubigen Dienern.*

Koran, Sure 37:112 *Und Wir gaben ihm die frohe Botschaft von Isaak, einem Propheten, der zu den Rechtschaffenen gehörte. Und Wir segneten ihn und Isaak. Und unter ihren Nachkommen [den Juden] sind (manche), die Gutes tun, und (andere), die offenkundig gegen sich selbst freveln.*

Eine Geschichte über Moses

Koran, Sure 20:9 *Ist dir Moses' Geschichte nicht zu Ohren gekommen? Als er ein Feuer sah, sagte er zu seinen Angehörigen: „Bleibt (hier), ich habe ein Feuer wahrgenommen; vielleicht kann ich euch ein Stück Glut davon bringen oder den rechten Weg am Feuer finden."*

Koran, Sure 20:11 *Und wie er näher herankam, wurde er angerufen: „O Moses! Ich bin es, dein Herr. So zieh deine Schuhe aus; denn du bist im heiligen Wadi Tuwa. Und Ich habe dich erwählt; so höre denn auf das, was offenbart wird. Wahrlich, Ich bin Allah. Es ist kein Gott außer Mir; darum diene Mir und verrichte das Gebet zu Meinem Gedenken. Wahrlich, die Stunde [der Tag des Gerichts] kommt bestimmt. Ich halte sie fest verborgen, auf dass jede Seele nach ihrem Bemühen belohnt werde. Darum lass dich nicht von dem, der hieran nicht glaubt und seinen Gelüsten folgt, davon abhalten, damit du nicht untergehest."*

Koran, Sure 20:17 *„Und was ist das in deiner Rechten, o Moses?" Er sagte: „Das ist mein Stock; ich stütze mich darauf und schlage damit Laub für meine Schafe ab, und ich habe für ihn noch andere Verwendungen." Er sprach: „Wirf ihn hin, o Moses!" Da warf er ihn hin, und siehe, er wurde zu einer Schlange, die umhereilte. Er sprach: „Ergreife ihn und fürchte dich nicht. Wir werden ihn in seinen früheren Zustand zurückbringen. Und stecke deine Hand dicht unter deinen Arm: Sie wird weiß hervorkommen [Lepra], ohne ein Übel - (dies ist) noch ein weiteres Zeichen, auf dass Wir dir etwas von Unseren größten Zeichen zeigen. Gehe zu Pharao; denn er ist aufsässig geworden."*

Koran, Sure 20:25 *Er sagte: „Mein Herr, gib mir die Bereitschaft (dazu) und erleichtere mir meine Aufgabe und löse den Knoten meiner Zunge, damit sie meine Rede verstehen mögen. Und* *gib mir einen Beistand aus meiner Familie mit, Aaron, meinen Bruder, mit dem ich meine Kraft steigere; und lass ihn an meiner Aufgabe teilhaben, auf dass wir Dich oft preisen mögen und Deiner oft gedenken; denn Du kennst uns am besten." Er sprach: „Dein Wunsch ist dir gewährt, o Moses! Und sicher haben Wir dir (auch schon) ein andermal Gnade erwiesen, als Wir deiner Mutter jene Weisung eingaben: ‚Lege ihn in einen Kasten und wirf ihn in den Fluss, dann wird der Fluss ihn ans Ufer spülen, so dass ein Feind von Mir und ihm ihn aufnehmen wird.'" Und Ich habe auf dich Liebe von Mir gelegt; damit du unter Meinem Auge aufgezogen wurdest.*

Koran, Sure 20:46 *Er sprach: „Fürchtet euch nicht; denn Ich bin mit euch beiden. Ich höre und Ich sehe. So geht denn beide zu ihm hin und sprecht: ‚Wir sind zwei Gesandte deines Herrn; so lass die Kinder Israels mit uns ziehen; und bestrafe sie nicht. Wir haben dir in Wahrheit ein Zeichen von deinem Herrn gebracht und Friede sei auf dem, der der Rechtleitung folgt! Es ist uns offenbart worden, dass die Strafe über den kommen wird, der (den Glauben) verwirft und sich (von ihm) abwendet.'"*

Koran, Sure 20:49 *(Pharao) sagte: „Wer ist euer beider Herr, o Moses?"*

Koran, Sure 20:50 *Er sagte: „Unser Herr ist Der, Der jedem Ding seine Schöpfungsart gab, alsdann es zu einem bestimmten Dasein leitete."*

Koran, Sure 20:77 *Und wahrlich, Wir offenbarten Moses: „Führe Meine Diener bei Nacht hinweg und schlage ihnen eine trockene Straße durch das Meer. Du brauchst nicht zu fürchten, eingeholt zu werden, noch brauchst du dir sonst (irgendwelche) Sorgen zu machen." Darauf verfolgte sie Pharao mit seinen Heerscharen, und es kam (etwas) aus dem Meer über sie, was sie überwältigte. Und*

Pharao führte sein Volk in die Irre und führte (es) nicht den rechten Weg.

Koran, Sure 20:80 *„O ihr Kinder Israels, Wir erretteten euch von eurem Feinde, und Wir schlossen einen Bund an der rechten Seite des Berges mit euch und sandten Manna und Wachteln auf euch herab. Esst nun von den guten Dingen, die Wir euch gegeben haben, doch überschreitet dabei nicht das Maß, damit Mein Zorn nicht auf euch niederfahre; denn der, auf den Mein Zorn niederfährt, geht unter. Und doch gewähre Ich dem Verzeihung, der bereut und glaubt und das Gute tut und dann der Führung folgt."*

I192 Da Mohammed und der Koran jüdische Wurzeln für sich beanspruchten, beschlossen die Quraisch, ihren Geschichtenerzähler zu den Juden nach Medina zu schicken und um Hilfe zu bitten. Die Rabbis sagten:

„Stelle ihm folgende drei Fragen. Wenn er die Antwort weiß, ist er ein Prophet; wenn nicht, ist er ein Schwindler."

„Was geschah mit den jungen Männern, die in alter Zeit verschwanden?"

„Frag ihn nach dem mächtigen Reisenden, der bis zum Ende des Ostens und des Westens gelangte."

„Frag ihn: Was ist der Geist?"

I192 Der Koran gab Antwort auf alle Fragen und Einwände der Quraisch. Auf die Frage, was mit den jungen Männern in alter Zeit geschehen war, antwortete er:

Koran, Sure 18:9 *Meinst du wohl, die Gefährten in der Höhle und Ar-Raqim seien (die einzigen) Wunder unter Unseren Zeichen [unbekannte Bezugsstelle]? Damals, als die jungen Männer [die Schläfer] in der Höhle Zuflucht nahmen, sprachen sie: „Unser Herr, gewähre uns Deine Barmherzigkeit und bereite uns einen Weg für unsere Sache." Sodann versiegelten Wir in der Höhle ihre Ohren* *für eine Anzahl von Jahren. Dann erweckten Wir sie, damit Wir erführen, welche von den beiden Parteien die Zeit ihres Verweilens am besten berechnet haben […].*

Koran, Sure 18:25 *Und sie blieben dreihundert Jahre lang in ihrer Höhle, und neun wurden hinzugefügt. Sprich: „Allah weiß am besten, wie lange sie verweilten." Ihm gehört das Verborgene der Himmel und der Erde. Wie allsehend ist Er! Und wie allhörend! Sie haben keinen Helfer außer Ihm, und Er teilt Seine Befehlsgewalt mit keinem.*

Die Frage nach dem mächtigen Reisenden wurde wie folgt beantwortet (der Koran betrachtet Alexander den Großen als Propheten):

Koran, Sure 18:83 *Und sie fragen dich nach Du-l-Qarnain [Alexander dem Großen]. Sprich: „Ich will euch etwas darüber berichten." Wir haben ihm Macht auf Erden und die Mittel zu allem gegeben. So folgte er dem gegebenen Weg, bis er den Ort, an dem die Sonne untergeht, erreichte; er fand sie in einem Quell von schlammigem Wasser untergehen, und dort fand er ein Volk. Wir sprachen: „O Du-l-Qarnain, entweder strafe sie oder behandle sie mit Güte."*

Koran, Sure 18:87 *Er sagte: „Den, der da frevelt, werden wir sicherlich bestrafen; dann soll er zu seinem Herrn zurückgebracht werden, und Er wird ihn in grässlicher Weise bestrafen. Dem aber, der gläubig ist und Gutes tut, wird herrlicher Lohn zuteilwerden; und wir werden zu ihm in angenehmer Weise über unsere Angelegenheiten sprechen."*

Zur Frage „Was ist der Geist?":

Koran, Sure 17:85 *Und sie befragen dich über die Seele [vermutlich der Engel Gabriel]. Sprich: „Die Seele ist eine Angelegenheit meines Herrn; und euch ist vom Wissen nur wenig gegeben." Und wenn Wir es wollten, könnten Wir gewiss das wieder fortnehmen,* *was Wir dir offenbart haben; du fändest dann für dich in dieser Sache keinen Beschützer Uns gegenüber, außer der Barmherzigkeit deines Herrn. Wahrlich, Seine Gnade gegen dich ist groß.*

Die Quraisch hatten Fragen zum Gültigkeitsbeweis von Mohammeds Botschaften. Hier sind die im Koran stehenden Neuformulierungen ihrer Fragen nach dem Kommen der Engel, der Erschaffung von Flüssen, dem Erschaffen von Wohlstand und allerlei anderen Wundern, um die Gültigkeit der Aussagen Mohammeds zu beweisen. Die Antwort des Korans:

Koran, Sure 17:88 *Sprich: „Wenn sich auch die Menschen und die Ginn vereinigten, um etwas Gleiches wie diesen Qur'an hervorzubringen, brächten sie doch nichts Gleiches hervor, selbst wenn sie einander beistünden." Und wahrlich, Wir haben für die Menschen in diesem Qur'an allerlei abgewandelte Beispiele angeführt; aber die meisten Menschen wollen nichts anderes als ungläubig zu sein. Und sie [die Mekkaner] sagen: „Wir werden dir nimmermehr glauben, bis du uns einen Quell aus der Erde hervorsprudeln lässt; oder (bis) du einen Garten mit Dattelpalmen und Trauben hast und mittendrin Bäche in reichlicher Weise hervorsprudeln lässt; oder (bis) du den Himmel über uns in Stücken einstürzen lässt, wie du es behauptest, oder (bis du) Allah und die Engel vor unser Angesicht bringst; oder (bis) du ein prunkvolles Haus besitzt oder zum Himmel aufsteigst; und wir werden nicht eher an deinen Aufstieg glauben, bis du uns ein Buch hinabsendest, das wir lesen können." Sprich: „Preis sei meinem Herrn! Bin ich denn etwas anderes als ein Mensch, ein Gesandter?"*

Koran, Sure 17:94 *Und nichts hat die Menschen abgehalten zu glauben, als die Rechtleitung zu ihnen kam; doch sie sagten nur: „Hat Allah einen Menschen als Gesandten geschickt?" Sprich: „Wären auf Erden friedlich und in Ruhe wandelnde Engel gewesen, hätten Wir ihnen gewiss einen Engel vom Himmel als Gesandten* *geschickt." Sprich: „Allah genügt als Zeuge gegen mich und euch; wahrlich, Er weiß und sieht alles von Seinen Dienern."*

Koran, Sure 17:97 *Und der, den Allah leitet, ist der Rechtgeleitete; die aber, die Er zu Irrenden erklärt - für die wirst du keine Helfer finden, außer Ihm. Und Wir werden sie am Tage der Auferstehung versammeln, (und sie werden) auf ihren Angesichtern (liegen), blind, stumm und taub. Ihre Herberge wird Gahannam sein; jedesmal, wenn es (das Feuer) nachlässt, werden Wir die Flamme noch stärker anfachen. Das ist ihr Lohn, weil sie Unsere Zeichen verwarfen und sagten: „Wie? Wenn wir zu Gebein und Staub geworden sind, sollen wir wirklich zu einer neuen Schöpfung auferweckt werden?"*

Hier die Anworten des Korans über die Kuffar, die sagten, der Koran sei eine Lüge, die sich auf alte Geschichten stütze:

Koran, Sure 25:3 *Und doch haben sie sich Götter außer Ihm genommen, die nichts erschaffen haben, sondern selbst erschaffen worden sind, die weder für sich selber Macht über Schaden und Nutzen noch Macht über Leben und Tod und Auferweckung haben. Und jene, die ungläubig sind, sagen: „Dies [der Koran] ist ja nichts als eine Lüge, die er [Mohammed] erdichtet hat; und andere Leute haben ihm dabei geholfen." Wahrlich, sie haben da Ungerechtigkeiten und Lügen vorgebracht.*

Koran, Sure 25:5 *Und sie sagen: „(Das sind) Fabeln der Früheren: er hat sie aufschreiben lassen, und sie werden ihm am Morgen und am Abend diktiert."*

Koran, Sure 25:6 *Sprich: „Er, Der das Verborgene von Himmel und Erde kennt, hat ihn herabgesandt. Er ist wahrlich Allverzeihend, Barmherzig."*

I204 Als Mohammed die Mekkaner aufrief, sich dem Islam zu unterwerfen, sagten sie: „Unsere Herzen sind verschleiert; wir verstehen nicht, was du sagst. Wir haben etwas in den Ohren, sodass wir dich nicht hören können."

Die Antwort des Korans:

> **Koran, Sure 17:45** *Und wenn du den Qur'an verliest, legen Wir zwischen dir und jenen, die nicht an das Jenseits glauben, eine unsichtbare Scheidewand. Und Wir legen Hüllen auf ihre Herzen, so dass sie ihn nicht verstehen, und in ihre Ohren Taubheit. Und wenn du im Qur'an deinen Herrn nennst, Ihn allein, so wenden sie ihren Rücken in Widerwillen ab. Wir wissen am besten, worauf sie horchen, wenn sie dir zuhören, und wenn sie sich insgeheim bereden, während die Frevler sagen: „Ihr folgt nur einem Manne, der einem Zauber zum Opfer gefallen ist." Schau, wie sie von dir Gleichnisse prägen und damit so sehr in die Irre gegangen sind, dass sie nicht in der Lage sind, den Weg zu finden.*

Die Worte von Mohammeds Gegnern werden oft zitiert und umformuliert:

> **Koran, Sure 43:29** *Ich ließ sie und ihre Väter in Fülle leben, bis die Wahrheit und ein deutlicher Gesandter zu ihnen kamen.*

> **Koran, Sure 43:30** *Doch als die Wahrheit zu ihnen kam, da sagten sie: „Das ist Zauberei, und wir glauben nicht daran." Und sie sagten: „Warum ist dieser Qur'an nicht zu einem angesehenen Mann aus den beiden Städten [Mekka und Taif] herabgesandt worden?"*

> **Koran, Sure 21:1** *Den Menschen ist die Zeit ihrer Abrechnung nahe gerückt; und doch wenden sie sich in Achtlosigkeit ab. Keine neue Ermahnung von ihrem Herrn kommt zu ihnen, die sie nicht leichtfertig anhörten. Ihre Herzen belustigen sich anderweitig. Und sie besprechen sich insgeheim - sie, die da freveln - (dann sagen sie): „Ist dieser etwa ein anderer Mensch als wir? Wollt ihr euch denn gegen (bessere) Einsicht auf Zauberei einlassen?"*

Koran, Sure 21:4 *Er sagte: „Mein Herr weiß, was im Himmel und auf Erden gesprochen wird, und Er ist der Allhörende, der Allwissende."*

Koran, Sure 21:5 *„Nein", sagen sie, „(das) aber (sind) wirre Träume; nein, er hat ihn erdichtet; nein, er ist (nur) ein Dichter. Möge er uns doch ein Zeichen in der Art bringen, wie die früheren entsandt wurden." Nie hatte vor ihnen irgendeine Stadt je geglaubt, die Wir vernichteten. Würden sie denn glauben?*

Von jetzt an bildeten Koranverse die Grundlage des islamischen Rechtssystems, der Scharia.

Koran, Sure 17:31 *Und tötet eure Kinder nicht aus Furcht vor Armut; Wir sorgen für sie und für euch. Wahrlich, sie zu töten ist ein großes Vergehen.*

Koran, Sure 17:32 *Und kommt der Unzucht nicht nahe; seht, das ist eine Schändlichkeit und ein übler Weg.*

Koran, Sure 17:33 *Und tötet nicht das Leben, das Allah unverletzlich gemacht hat [das eines Muslimen], es sei denn zu Recht [bei Glaubensabfall oder als Strafe für einen Mord]. Und wer da ungerechterweise getötet wird – dessen Erben haben Wir gewiss Ermächtigung (zur Vergeltung) gegeben; doch soll er im Töten nicht maßlos sein; denn er findet (Unsere) Hilfe.*

Anstrengung

Kapitel 4

8:20-21 O ihr, die ihr glaubt, gehorcht Allah und Seinem Gesandten, und wendet euch nicht von ihm ab während ihr zuhört. Und seid nicht wie jene, die sagen: „Wir hören", und doch nicht hören.

I217 Alle Klans der Quraisch begannen, die Muslime zu verfolgen, über die sie Macht hatten. Die Mekkaner glaubten Mohammed nicht.

> **Koran, Sure 34:43** *Und wenn ihnen Unsere deutlichen Verse verlesen werden, sagen sie: „Dieser ist nichts weiter als ein Mann, der euch von dem abwenden möchte, was eure Väter verehrten." Und sie sagen: „Dieser (Qur'an) ist nichts (anderes) als eine erdichtete Lüge." Und diejenigen, die ungläubig sind, sagen von der Wahrheit, wenn sie zu ihnen kommt: „Das ist nichts als eine offenkundige Zauberei. Und Wir gaben ihnen keine Bücher, die sie (hätten) studieren (können), noch sandten Wir ihnen einen Warner vor dir. Jene, die vor ihnen waren, leugneten ebenfalls - und diese haben nicht den zehnten Teil von dem erreicht, was Wir jenen gegeben hatten, und sie bezichtigten Meine Gesandten der Lüge. Doch wie war (die Folge davon) dass sie Mich verleugneten!"*

> **Koran, Sure 34:46** *Sprich: „Ich mahne euch nur an eines: dass ihr euch ernsthaft mit Allahs Sache - zu zweit oder einzeln - befasst und dann nachdenken sollt. Es ist in eurem Gefährten (dem Propheten) keine Besessenheit; er ist für euch nur ein Warner vor einer bevorstehenden strengen Strafe."*

Dieser Vers gestattet es einem Muslim, zu verhindern, dass er es aus religiösen Gründen verfolgt wird. Ein Muslim darf die wahren Glaubensinhalte des Islam an einen Kafir weitergeben.

> **Koran, Sure 3:29** *Sprich: „Ob ihr verbergt, was in eurer Brust ist, oder ob ihr es kundtut, Allah weiß es; Er weiß, was in den Himmeln und was auf der Erde ist; und Allah hat Macht über alle Dinge."*

I235 Ein Geschichtenerzähler brüstete sich damit, er könne die besseren alten Geschichten erzählen und würde sie in einem Wettstreit mit Mohammed vortragen. Der Geschichtenerzähler war jedoch ein Kafir, und der Koran verurteilte ihn wie alle Kuffar.

> **Koran, Sure 31:6** *Und unter den Menschen gibt es solche, die leeres Gerede vorziehen [Ein persischer Geschichtenerzähler in Mekka behauptete, seine Geschichten seien besser als die Mohammeds], um (Menschen) ohne Wissen von Allahs Weg hinweg in die Irre zu führen, und um damit Spott zu treiben. Solchen (Menschen) harrt eine schmähliche Strafe. Und wenn ihm Unsere Verse verlesen werden, so kehrt er sich überheblich (von ihnen) ab, als hätte er sie nicht gehört, als wären seine Ohren schwerhörig. So verkünde ihm eine schmerzliche Strafe. Wahrlich, denen, die da glauben und gute Werke tun, werden Gärten der Wonne zuteil sein. Darin werden sie auf ewig weilen. (Dies ist) eine Verheißung Allahs in Wahrheit! Und Er ist der Allmächtige, der Allweise.*

> **Koran, Sure 31:10** *Er hat den Himmel ohne Stützen erschaffen, wie ihr seht, und Er hat in der Erde feste Berge gegründet, damit sie nicht ins Schwanken gerät, und hat allerlei Getier über sie verstreut. Und Wir senden Wasser aus dem Himmel nieder und lassen jede herrliche Gattung auf ihr sprießen. Dies ist Allahs Schöpfung. Zeigt mir nun, was andere außer Ihm erschaffen haben. Nein, die Ungerechten befinden sich in einem offenkundigen Irrtum.*

Der Koran beschreibt die Eigenschaften Allahs.

Koran, Sure 40:61 *Allah ist es, Der für euch die Nacht gemacht hat, auf dass ihr darin ruht, und den hellichten Tag. Wahrlich, Allah ist der Herr der Gnadenfülle gegenüber der Menschheit, jedoch die meisten Menschen danken (ihm dafür) nicht. Das ist Allah, euer Herr, der Schöpfer aller Dinge. Es ist kein Gott außer Ihm. Wie lasst ihr euch (von Ihm) abwenden? So lassen sich nur die abwenden, die Allahs Zeichen leugnen.*

Koran, Sure 40:64 *Allah ist es, Der die Erde für euch als festen Grund und den Himmel als Bau erschaffen hat und Der euch Gestalt gegeben und eure Gestalten schön gemacht hat und euch mit guten Dingen versorgt hat. Das ist Allah, euer Herr. Segensreich ist darum Allah, der Herr der Welten. Er ist der Ewiglebendige. Es ist kein Gott außer Ihm. So ruft Ihn an, in lauterem Gehorsam Ihm gegenüber. Alles Lob gebührt Allah, dem Herrn der Welten.*

Koran, Sure 40:66 *Sprich: „Mir wurde verboten, denen zu dienen, die ihr statt Allah anruft, nachdem zu mir deutliche Beweise von meinem Herrn gekommen sind; und mir wurde befohlen, mich dem Herrn der Welten zu ergeben."*

Die satanischen Verse

T1192[8] *Mohammed dachte ständig darüber nach, mit welchen Mitteln er sämtliche Mekkaner davon überzeugen könnte, den Islam anzunehmen. Er kam auf die Idee, dass die drei Götter der Quraisch bei Allah Fürbitten leisten könnten. Mohammed sagte: „Dies sind die erhabenen, hochfliegenden Kraniche, deren Vermittlung genehmigt ist." Dann sagte Mohammed, er sei von Satan getäuscht worden. Es gebe keine Brücke zwischen dem Islam und der Religion der Mekkaner.*

---

8 Die T Referenzen beziehen sich auf Al Tabaris "**History of Prophets and Kings**".

Koran, Sure 22:52 *Und Wir schickten vor dir keinen Gesandten oder Propheten, dem, wenn er etwas wünschte, Satan seinen Wunsch nicht (zu) beeinflussen (trachtete). Doch Allah macht zunichte, was Satan einstreut. Dann setzt Allah Seine Zeichen fest. Und Allah ist Allwissend, Allweise. (Er lässt dies zu) damit Er das, was Satan einstreut, zur Prüfung für die machen kann, in deren Herzen Krankheit ist und deren Herzen verhärtet sind; wahrlich, die Frevler befinden sich in äußerster Auflehnung. Und (Er lässt dies zu) damit diejenigen, denen das Wissen gegeben wurde, erkennen, dass es die Wahrheit von deinem Herrn ist, auf dass sie daran glauben und ihre Herzen sich Ihm friedvoll unterwerfen mögen. Und siehe, Allah leitet jene, die gläubig sind, auf den geraden Weg.*

Koran, Sure 22:55 *Und die Ungläubigen werden nicht (eher) aufhören, daran Zweifel zu hegen, bis die Stunde unerwartet über sie hereinbricht oder die Strafe eines unheilvollen Tages über sie kommt. Das Königreich wird an jenem Tage Allah gehören. Er wird zwischen ihnen richten. Also werden jene, die gläubig sind und gute Werke tun, in den Gärten der Wonne sein. Für diejenigen aber, die ungläubig sind und Unsere Zeichen verwerfen, ist eine Strafe (vorgesehen), die schmachvoll ist.*

Der Koran ist beständig in seinen Ermahnungen, mit wem ein Muslim befreundet sein soll: Es gibt 12 Verse, die besagen, ein Muslim sei nicht der Freund eines Kafir.

Koran, Sure 9:23 *O ihr, die ihr glaubt, nehmt nicht eure Väter und eure Brüder zu Beschützern, wenn sie den Unglauben dem Glauben vorziehen. Und diejenigen von euch, die sie zu Beschützern nehmen - das sind die Ungerechten. Sprich: „Wenn eure Väter und eure Söhne und eure Brüder und eure Frauen und eure Verwandten und das Vermögen, das ihr euch erworben habt, und der Handel, dessen Niedergang ihr fürchtet, und die Wohnstätten, die ihr liebt,* *euch lieber sind als Allah und Sein Gesandter und das Kämpfen für Seine Sache, dann wartet, bis Allah mit Seiner Entscheidung kommt; und Allah weist den Ungehorsamen nicht den Weg."*

Koran, Sure 3:28 *Die Gläubigen sollen die Ungläubigen nicht statt der Gläubigen zu Beschützern nehmen; und wer solches tut, der findet von Allah in nichts Hilfe außer ihr fürchtet euch vor ihnen. Und Allah warnt euch vor Sich Selbst (achtlos zu sein), und zu Allah ist die Heimkehr.*

Koran, Sure 3:118 *O ihr, die ihr glaubt, schließt keine Freundschaft, außer mit euresgleichen. Sie werden nicht zaudern, euch zu verderben, und wünschen euren Untergang. Schon wurde Hass aus ihrem Mund offenkundig, aber das, was ihr Inneres verbirgt, ist schlimmer. Schon machten Wir euch die Zeichen klar, wenn ihr es begreift.*

Koran, Sure 5:57 *O ihr, die ihr glaubt, nehmt euch nicht die zu Beschützern - von jenen, denen vor euch die Schrift gegeben wurde [Juden und Christen], und von den Ungläubigen, die mit eurem Glauben Spott und Scherz treiben - und fürchtet Allah, wenn ihr Gläubige seid. Und wenn ihr zum Gebet ruft, treiben sie damit ihren Spott und Scherz. Dies (ist so), weil sie Leute sind, die es nicht begreifen.*

I260 Auf dem Markt betrieb ein christlicher Sklave einen Stand. Mohammed pflegte, zu ihm zu gehen und ausführlich mit ihm zu reden. Infolgedessen sagten die Quraisch, was im Koran stehe, stamme von dem christlichen Sklaven. Die Antwort des Korans:

Koran, Sure 32:1 *Alif Lam Mim. Die Offenbarung des Buches, an dem es keine Zweifel gibt, stammt vom Herrn der Welten. Oder sagen sie: „Er [Mohammed] hat es erdichtet?". Nein, es ist die Wahrheit von deinem Herrn, auf dass du ein Volk warnst, zu dem* *vor dir kein Warner gekommen ist, damit sie dem rechten Weg folgen mögen.*

Die Nachtreise

Koran, Sure 17:1 *Gepriesen sei Der, Der bei Nacht Seinen Diener von der heiligen Moschee zu der fernen Moschee [Jerusalem], deren Umgebung Wir gesegnet haben, hinführte, auf dass Wir ihm einige Unserer Zeichen zeigten. Wahrlich, Er ist der Allhörende, der Allsehende.*

I264 Gabriel führte Mohammed nach Jerusalem zur Tempelstätte. Dort am Tempel befanden sich Jesus, Abraham, Moses und weitere Propheten. Unter Mohammeds Leitung beteten sie. Dann führte Gabriel Mohammed hinauf zu den sieben Himmeln.

I271 Als Mohammed im siebten Himmel ankam, erlegte sein Herr ihm die tägliche Pflicht von fünfzig Gebeten auf. Bei seiner Rückkehr fragte ihn Moses, wie viele Gebete ihm Allah aufgetragen habe. Als Moses hörte, dass es fünfzig waren, sagte er: „Beten ist eine anstrengende Sache, und dein Volk ist schwach. Gehe zurück und bitte deinen Herrn, die Zahl für dich und deine Gemeinde zu verringern." Allah verringerte die Zahl auf fünf. Bei der Nachtreise erleben wir Mohammed als Nachfolger der jüdischen Propheten.

Hier erleben wir, wie die Geschichte von Noah und Moses auf die Bedürfnisse Mohammeds hin angepasst wurde.

Koran, Sure 10:71 *Und verlies ihnen die Geschichte von Noah, als er zu seinem Volk sprach: „O mein Volk, wenn mein Rang und meine Ermahnung durch die Zeichen Allahs für euch unerträglich sind, so setze ich mein Vertrauen in Allah; so beschließt nur eure Angelegenheiten und versammelt eure Teilhaber, und belasst euer Planen nicht im Verborgenen, sondern handelt gegen mich, und gebt mir keine Wartezeit. Kehrt ihr (mir) aber den Rücken, so habe ich von euch keinen Lohn verlangt. Mein Lohn ist allein bei Allah,* *und mir wurde befohlen, zu den Gottergebenen zu gehören." Doch sie bezichtigten ihn der Lüge; darum retteten Wir ihn und die, die bei ihm im Schiff waren. Und Wir machten sie zu den Nachfolgern (der Menschen), während Wir jene ertrinken ließen, die Unsere Zeichen für Lügen hielten. Schau also, wie das Ende derer war, die gewarnt worden waren!*

Koran, Sure 10:74 *Dann schickten Wir nach ihm Gesandte, jeden zu seinem Volk, und sie brachten ihnen klare Beweise. Allein sie wollten unmöglich an das glauben, was sie zuvor verleugnet hatten. So versiegeln Wir die Herzen der Übertreter. Dann schickten Wir nach ihnen Moses und Aaron mit Unseren Zeichen zu Pharao und seinen Vornehmen; sie aber waren hochmütig. Und sie waren ein verbrecherisches Volk. Als nun die Wahrheit von Uns zu ihnen kam, da sagten sie: „Das ist gewiss ein offenkundiger Zauber."*

Koran, Sure 10:77 *Moses sagte: „Sagt ihr (solches) von der Wahrheit, nachdem sie zu euch gekommen ist? Ist das Zauberei? Und die Zauberer haben niemals Erfolg."*

Koran, Sure 10:78 *Sie sagten: „Bist du zu uns gekommen, um uns von dem abzulenken, was wir bei unseren Vätern vorfanden, und wollt ihr beide die Oberhand im Lande haben? Wir aber wollen euch nicht glauben."*

Koran, Sure 10:79 *Da sagte Pharao: „Bringt mir einen jeden kundigen Zauberer herbei." Als nun die Zauberer kamen, sagte Moses zu ihnen: „Werft, was ihr zu werfen habt."*

Koran, Sure 10:81 *Als sie dann geworfen hatten sagte Moses: „Was ihr gebracht habt, ist Zauberei. Allah wird es sicher zunichte machen. Denn wahrlich, Allah lässt das Werk der Verderbensstifter nicht gedeihen. Und Allah stärkt die Wahrheit durch Seine Worte, auch wenn es die Verbrecher verwünschen." Und niemand* *bekannte sich zu Moses, bis auf einige junge Menschen aus seinem Volk - voller Furcht vor Pharao und seinen Vornehmen, er (Pharao) würde sie verfolgen. Und in der Tat war Pharao ein Tyrann im Land, und wahrlich, er war einer der Maßlosen.*

Koran, Sure 10:84 *Und Moses sagte: „O mein Volk, habt ihr an Allah geglaubt, so vertraut nun auf Ihn, wenn ihr euch (Ihm) wirklich ergeben habt."*

Koran, Sure 10:85 *Sie sagten: „Auf Allah vertrauen wir. Unser Herr, mache uns nicht zu einer Versuchung für das Volk der Ungerechten. Und errette uns durch Deine Barmherzigkeit vor dem Volk der Ungläubigen."*

Der Islam definiert die Juden.

Koran, Sure 45:16 *Und wahrlich, Wir gaben den Kindern Israels die Schrift und die Herrschaft und das Prophetentum, und Wir versorgten sie mit guten Dingen und bevorzugten sie vor den Völkern. Und Wir gaben ihnen deutliche Weisungen in der Sache. Und sie wurden nicht eher uneins, als bis das Wissen zu ihnen gekommen war; denn zwischen ihnen (entstand) selbstsüchtiger Neid. Dein Herr wird gewiss zwischen ihnen am Tage der Auferstehung über das richten, worüber sie uneins waren.*

Koran, Sure 7:163 *Und frage sie nach der Stadt, die am Meer lag, und (danach) wie sie den Sabbat entweihten, wie ihre Fische scharenweise an ihrem Sabbattage zu ihnen kamen. Doch an dem Tage, da sie den Sabbat nicht feierten, da kamen sie nicht zu ihnen. So prüften Wir sie, weil sie zu freveln pflegten. Und als eine Gemeinschaft unter ihnen sagte: „Warum ermahnt ihr Leute, die Allah vernichten oder mit einer strengen Strafe bestrafen will?" – da sagten sie (die Ermahner): „Um uns von der Schuld freizusprechen vor eurem Herrn, und damit sie gottesfürchtig werden mögen."*

Koran, Sure 7:165 *Und als sie das vergaßen, womit sie ermahnt worden waren [am Sabbat nicht zu arbeiten], da retteten Wir jene, die das Böse verhindert hatten, und erfassten die Ungerechten mit peinlicher Strafe, weil sie gefrevelt hatten. Und als sie trotzig bei dem verharrten, was ihnen verboten worden war, da sprachen Wir zu ihnen: „Werdet denn verächtliche Affen!" [Die Juden wurden in Affen verwandelt]*

Koran, Sure 7:167 *Und (gedenke der Zeit) da dein Herr verkündete, Er wolle gewiss gegen sie bis zum Tage der Auferstehung solche entsenden, die sie mit grimmiger Pein bedrängen würden. Wahrlich, dein Herr ist schnell im Strafen. Und wahrlich, Er ist Allvergebend, Barmherzig. Und Wir haben sie auf Erden in Gemeinschaften zerteilt. Unter ihnen sind Rechtschaffene, und unter ihnen gibt es welche, die nicht so sind. Und Wir prüften sie durch Gutes und durch Böses, auf dass sie sich bekehren mögen.*

I272 Mohammed predigte weiterhin den Islam und verdammte die alten arabischen Religionen. Manche unter den Quraisch verteidigten ihre Kultur und Religion und stritten mit ihm. Mohammed bezeichnete sie als Spötter und verfluchte einen von ihnen. „Oh, Allah, mach ihn blind und töte seinen Sohn." Der Koran stellt den Widerstand der Mekkaner als Verschwörungen und Ränke dar.

Koran, Sure 6:123 *Und so haben Wir es in jeder Stadt mit den Großen ihrer Sünder gemacht: damit sie darin Ränke schmieden. Und sie schmieden nur Ränke gegen sich selbst, ohne dass sie es merken. Und wenn ein Zeichen zu ihnen kommt, sagen sie: „Wir werden nicht eher glauben, als bis wir dasselbe erhalten, was die Gesandten Allahs erhalten haben." Allah weiß am besten, wem Er Seine Botschaft anvertraut. Wahrlich, Erniedrigung vor Allah und eine strenge Strafe wird die Sünder für ihre Ränke treffen.*

Koran, Sure 6:125 *Wen Allah aber rechtleiten will, dem weitet Er die Brust für den Islam; und wen Er in die Irre gehen lassen will, dem macht Er die Brust eng und bedrückt, wie wenn er in den Himmel emporsteigen würde. So verhängt Allah die Strafe über jene, die nicht glauben. Und dies ist der Weg deines Herrn, ein gerader (Weg). Wahrlich, Wir haben die Zeichen für die Leute dargelegt, die sich ermahnen lassen. Ihnen wird ein Haus des Friedens bei ihrem Herrn zuteil sein, und Er ist ihr Beschützer um ihrer Werke willen.*

Aber falls Mohammed tatsächlich ein Prophet ist, warum sollte er ihnen nichts anderes zeigen als nur Worte? Warum sollte er kein Wunder tun?

Koran, Sure 13:27 *Und jene, die ungläubig sind, sagen: „Warum ist ihm von seinem Herrn kein Zeichen herabgesandt worden?" Sprich: „Allah lässt zugrunde gehen, wen Er will, und leitet die zu Sich, welche sich bekehren. Es sind jene, die glauben und deren Herzen Trost finden im Gedenken an Allah. Wahrlich, im Gedenken Allahs werden die Herzen ruhig. Denen, die da glauben und gute Werke tun, wird Glück und eine treffliche Heimstatt zuteil sein."*

Koran, Sure 13:30 *Und so haben Wir dich zu einem Volk gesandt, vor dem bereits andere Völker dahingegangen sind, auf dass du ihnen verkünden mögest, was Wir dir offenbarten; und doch glauben sie nicht an den Allerbarmer. Sprich: „Er ist mein Herr; kein Gott ist da außer Ihm. Auf Ihn vertraue ich und zu Ihm werde ich heimkehren."*

Koran, Sure 13:31 *Und gäbe es auch einen Qur'an, durch den Berge versetzt oder die Erde gespalten oder durch den zu den Toten gesprochen werden könnte, (würden sie doch nicht an ihn glauben). Nein! Die Sache ruht völlig bei Allah. Haben denn die Gläubigen nicht den Versuch, (daran zu zweifeln) aufgegeben, dass, wenn Allah gewollt hätte, Er sicher der ganzen Menschheit hätte den Weg* *weisen können? Und die Heimsuchung wird nicht aufhören, die Ungläubigen um dessentwillen zu treffen, was sie gewirkt haben, oder sich nahe bei ihren Wohnstätten niederzulassen, bis Allahs Verheißung sich erfüllt. Wahrlich, Allah verfehlt den Termin nicht.*

Koran, Sure 13:32 *Und gewiss sind schon vor dir Gesandte verspottet worden, doch Ich gewährte denen eine Frist, die ungläubig waren. Dann erfasste Ich sie, und wie war Meine Strafe!*

Wenn der Tag des Gerichts sowieso kommen würde, so baten die Mekkaner Mohammed, es noch am gleichen Tag geschehen zu lassen und zu beweisen, dass er ein wahrer Prophet sei.

Koran, Sure 29:44 *Allah erschuf die Himmel und die Erde in makelloser Weise. Hierin liegt wahrlich ein Zeichen für die Gläubigen.*

Koran, Sure 29:47 *Und somit haben Wir dir [Mohammed] das Buch [den Koran] herniedergesandt, und so glauben diejenigen [die Juden] daran, denen Wir das Buch gegeben haben; und unter diesen sind einige, die daran glauben. Es sind aber nur die Ungläubigen, die Unsere Zeichen leugnen.*

Koran, Sure 29:48 *Und nie zuvor hast du [Mohammed] in einem Buch gelesen, noch konntest du eines mit deiner Rechten schreiben; sonst hätten die Verleugner daran gezweifelt. Nein, es sind klare Zeichen in den Herzen derer, denen das Wissen gegeben wurde. Es gibt keinen, der Unsere Zeichen leugnet außer den Ungerechten. Und sie sagten: „Warum wurden keine Zeichen zu ihm von seinem Herrn herabgesandt?" Sprich: „Die Zeichen sind allein bei Allah, und ich bin nur ein deutlicher Warner." Genügt es ihnen denn nicht, dass Wir dir das Buch herniedergesandt haben, das ihnen verlesen wird? Wahrlich, hierin ist eine Barmherzigkeit und Ermahnung für ein Volk, das glaubt. Sprich: „Allah genügt als Zeuge gegen mich* *und euch. Er weiß, was in den Himmeln und was auf Erden ist. Und diejenigen, die das Falsche annehmen und Allah ablehnen - das sind die Verlierenden."*

Koran, Sure 29:53 *Und sie verlangen von dir, dass du die Strafe beschleunigen sollst. Wäre nicht eine Frist festgesetzt worden, hätte die Strafe sie schon ereilt; und sie wird gewiss unerwartet über sie kommen, ohne dass sie es merken. Sie verlangen von dir, dass du die Strafe beschleunigen sollst; doch wahrlich, Gahannam wird die Ungläubigen einschließen. An dem Tage, da die Strafe sie von oben und von ihren Füßen her überwältigen wird, wird Er sprechen: „Kostet nun die (Früchte) eurer Taten."*

Koran, Sure 29:56 *O Meine Diener, die ihr glaubt, Meine Erde ist weit. Darum verehrt nur Mich. Jede Seele wird den Tod kosten; zu Uns werdet ihr dann zurückgebracht. Und jene, die glauben und gute Werke tun, beherbergen Wir in den oberen Gemächern des Paradieses, durch das Bäche fließen. Darin verweilen sie auf immerdar. Herrlich ist der Lohn derjenigen, die wohltätig sind, die da standhaft sind und auf ihren Herrn vertrauen.*

Mohammed berichtete weiter von älteren arabischen Kulturen, die sich geweigert hatten, auf ihre Propheten zu hören. In allen Fällen schlug Mohammed sie mit einem schrecklichen Übel.

Koran, Sure 41:13 *Doch wenn sie sich abkehren, so sprich: „Ich habe euch vor einem Blitzschlag wie dem Blitzschlag von 'Ad und Tamud gewarnt." [Ad lag an einer alten Handelsstraße nördlich von Mekka. Es wurde zu Mohammeds Zeit verlassen. Mit Tamud sind die Bewohner einer verfallenen nabatäischen Stadt bei Medina gemeint]*

Koran, Sure 41:14 *Als ihre Gesandten zu ihnen kamen von vorn und hinten (und sagten): „Dient keinem außer Allah." Da sagten*

Sie: „Hätte unser Herr es gewollt, hätte Er zweifellos Engel herabgesandt. So lehnen wir das ab, womit ihr gesandt worden seid."

Koran, Sure 41:15 *Was nun die 'Ad anbelangt, so betrugen sie sich ohne Recht hochmütig auf Erden und sagten: „Wer hat mehr Macht als wir?" Konnten sie denn nicht sehen, dass Allah, Der sie erschuf, mächtiger ist als sie? Jedoch, sie fuhren fort, Unsere Zeichen zu leugnen. Darum sandten Wir gegen sie einen eiskalten Wind mehrere unheilvolle Tage hindurch, auf dass Wir sie die Strafe der Schmach in diesem Leben kosten ließen. Und die Strafe des Jenseits wird gewiss noch schmählicher sein, und es wird ihnen nicht geholfen werden.*

Koran, Sure 41:17 *Und was die Tamud [die Bewohner einer verfallenen nabatäischen Stadt bei Medina] anbelangt, so wiesen Wir ihnen den Weg, sie aber zogen die Blindheit dem rechten Weg vor; darum erfasste sie die blitzschlagartige Strafe der Erniedrigung um dessentwillen, was sie begangen hatten. Und Wir erretteten jene, die glaubten und gottesfürchtig waren. Und an dem Tage, wo die Feinde Allahs allesamt vor dem Feuer versammelt werden, da werden sie in Gruppen geteilt, bis dass, wenn sie es erreichen, ihre Ohren und ihre Augen und ihre Haut Zeugnis gegen sie von dem ablegen, was sie zu tun pflegten.*

Koran, Sure 41:21 *Und sie werden zu ihren Häuten sagen: „Warum zeugt ihr gegen uns?" Sie werden sprechen: „Allah hat uns die Rede verliehen - Er, Der einem jeden Ding die Rede verleiht. Und Er ist es, Der euch erstmals erschuf, und zu Ihm seid ihr zurückgebracht worden. Und ihr pflegtet (eure Sünden) nicht so zu verbergen, dass eure Ohren und eure Augen und eure Haut nicht Zeugnis gegen euch ablegen könnten; vielmehr meintet ihr, Allah wüsste nicht viel von dem, was ihr zu tun pflegtet. Und das, was ihr von eurem Herrn meintet [dass es andere Götter gibt], hat euch ins Verderben geführt; so wurdet ihr die Verlierenden."*

Koran, Sure 41:24 *Selbst wenn sie es nun aushalten, so ist doch das Feuer ihre Wohnstatt; und wenn sie um Gnade bitten, so wird ihnen keine Gnade erwiesen. Und Wir hatten Gefährten für sie bestimmt, die ihnen das als wohlgefällig erscheinen ließen, was vor ihnen war und was hinter ihnen war; und (so) wurde der Spruch fällig gegen sie, zusammen mit den Scharen der Ginn und der Menschen, die vor ihnen hingegangen waren. Gewiss, sie waren die Verlierer.*

Der Tod von Mohammeds Gönner und seiner Frau

I178 Nach Abu Talibs Tod wuchs der Druck auf Mohammed. Es ging so weit, dass einer der Quraisch Schmutz nach ihm warf. Das war allerdings das Schlimmste, was geschah.

Der Tod seiner Ehefrau Khadija blieb ohne politische Auswirkungen, für Mohammed jedoch war es ein schwerer Schlag. Seine Frau war seine wichtigste Vertraute, die ihm Trost spendete.

Mohammeds spätere Ehen

M113[9] Etwa drei Monate nach Khadijas Tod heiratete Mohammed Sauda, eine Witwe und Muslima.

M113 Abu Bakr hatte eine Tochter namens Aisha, die zu diesem Zeitpunkt sechs Jahre alt war. Kurz nach seiner Heirat mit Sauda wurde Mohammed mit Aisha verlobt, die später seine Lieblingsfrau wurde. Zum Vollzug der Ehe kam es, als sie neun war.

9 Die M Referenzen beziehen sich auf Seiten in Sir William Muir's "**The Life of Muhammad**".

Politische Anfänge

Kapitel 5

24:52 Und wer Allah und Seinem Gesandten gehorcht und Allah fürchtet und sich vor Ihm in Acht nimmt: solche sind es, die Gewinner sind.

I279 Nach Abu Talibs Tod brauchte Mohammed politische Verbündete. Mohammed reiste mit einem Diener in die Stadt Taif, etwa fünfzig Meilen entfernt. In Taif traf er sich mit drei Brüdern, die über politische Macht verfügten. Mohammed rief sie an, sich zum Islam zu bekehren, und bat sie, ihm bei seinen Kämpfen gegen die zu helfen, die ihre ursprünglichen Religionen verteidigten.

I280 Da sie sich nicht einigen konnten, bat Mohammed sie, ihr Treffen vertraulich zu behandeln. Taif war jedoch eine kleine Stadt, und innerhalb weniger Tage wusste jedermann von Mohammeds Anwesenheit. Mohammed verurteilte sie und ihresgleichen auch weiterhin, bis sich eines Tages eine Menschenmenge versammelte und ihn aus der Stadt trieb und mit Steinen bewarf.

I281 Auf halber Strecke des Rückwegs nach Mekka übernachtete er. Als er aufstand, um sein Nachtgebet zu verrichten, kamen – so steht es im Koran – Dschinn, um ihm beim Beten zuzuhören.

> **Koran, Sure 46:29** *Und da wandten Wir dir eine Schar Ginn zu, die den Qur'an vernehmen konnten; und als sie bei ihm zugegen waren, sprachen sie: „Hört zu" - und als er zu Ende war, kehrten sie zu ihrem Volk zurück (und) warnten (es). Sie sprachen: „O unser Volk, wir haben ein Buch gehört, das nach Moses herabgesandt worden ist (und) welches das bestätigt, was schon vor ihm da gewesen ist; es leitet zur Wahrheit und zu dem geraden Weg. O*

unser Volk, hört auf Allahs Rufer und glaubt an Ihn. Er wird euch eure Sünden vergeben und euch vor qualvoller Strafe schützen."

Koran, Sure 46:32 *„Und der, der nicht auf Allahs Rufer hört, kann (ihm) nicht auf Erden entrinnen, noch kann er Beschützer außer Ihm haben. Solche befinden sich in einem offenkundigen Irrtum." Haben sie nicht gesehen, dass Allah, Der die Himmel und die Erde erschuf und bei ihrer Erschaffung nicht müde wurde, auch vermag, die Toten lebendig zu machen? Wahrlich, Er hat Macht über alle Dinge.*

Koran, Sure 46:34 *Und an dem Tage, an dem die Ungläubigen dem Feuer ausgesetzt werden (heißt es): „Ist dies nicht die Wahrheit?" Sie werden sagen: „Doch, bei unserem Herrn." Er spricht dann: „So kostet nun die Strafe dafür, dass ihr ungläubig wart." So gedulde dich denn, wie es die Gesandten taten, die geduldig waren; und überhaste dich nicht ihretwegen. An dem Tage, an dem sie das schauen, was ihnen angedroht wird, wird es ihnen vorkommen, als hätten sie nur eine Stunde eines Tages (im Grabe) verweilt. (Dies ist) eine Ermahnung! So soll niemand anders als das frevelnde Volk vertilgt werden!*

Erneutes Predigen in Mekka

I282 Als die arabischen Pilger nach Mekka kamen, wie es seit Jahrhunderten üblich war, trat Mohammed zur Schar der Besucher hinaus und sagte ihnen, er sei der Prophet Allahs und habe ihnen den Koran gebracht.

Koran, Sure 11:111 *Und allen wird dein Herr sicher ihre Taten vergelten. Er ist gut über das unterrichtet, was sie tun.*

Koran, Sure 11:112 *Handle du darum aufrichtig, wie dir befohlen worden ist - und die (sollen aufrichtig handeln) die sich mit dir bekehrt haben. Und seid nicht aufsässig; wahrlich, Er ist dessen ansichtig, was ihr tut Und neigt euch nicht zu den Ungerechten,* *damit euch das Feuer nicht erfasse. Und ihr werdet keine Beschützer außer Allah haben, noch wird euch geholfen werden. Und verrichte das Gebet an den beiden Tagesenden und in den ersten Stunden der Nacht. Wahrlich, die guten Taten tilgen die bösen. Das ist eine Ermahnung für die Nachdenklichen. Und sei geduldig; denn wahrlich, Allah lässt den Lohn der Rechtschaffenen nicht verlorengehen.*

Koran, Sure 11:116 *Wären nur unter den Geschlechtern vor euch Leute von Verstand gewesen, die der Verderbtheit auf Erden hätten entgegensteuern können – ausgenommen die wenigen, die Wir aus ihrer Zahl erretteten! Doch die Frevler folgten dem, was ihnen Genuss und Behagen versprach, und sie übertraten (die Gebote). Und dein Herr ist nicht Der, Der die Städte zu Unrecht zerstören würde, wenn ihre Bewohner rechtschaffen wären.*

Koran, Sure 11:118 *Und hätte dein Herr es gewollt, so hätte Er die Menschen alle zu einer einzigen Gemeinde gemacht; doch sie wollten nicht davon ablassen, uneins zu sein. Ausgenommen davon sind jene, derer dein Herr Sich erbarmt hat, und dazu hat Er sie erschaffen. Und das Wort deines Herrn ist in Erfüllung gegangen: „Wahrlich, Ich werde Gahannam mit den Ginn und den Menschen insgesamt füllen."*

Mohammed sprach vor den Mekkanern und Pilgern von Allahs Größe.

Koran, Sure 42:1 *Ha Mim. Ain Sin Qaf. So offenbart Allah, der Erhabene, der Allweise, dir und denen, die vor dir waren. Sein ist, was in den Himmeln und was auf Erden ist, und Er ist der Allerhöchste, der Allmächtige.*

Koran, Sure 42:5 *Fast neigen sich die Himmel, um von oben her zu brechen, (so) auch (wenn) die Engel ihren Herrn mit Seiner Lobpreisung verherrlichen und Vergebung für die auf Erden erflehen. Siehe, Allah ist wahrlich der Vergebende, der Barmherzige. Und jene, die* *sich Beschützer außer Ihm nehmen - Allah gibt auf sie Acht; und du bist nicht ihr Wächter.*

Koran, Sure 42:7 *Und so haben Wir dir den Qur'an auf Arabisch offenbart, auf dass du die Mutter der Städte [Mekka] warnst und alle rings um sie, und (auf dass) du (sie) vor dem Tag der Versammlung warnst, über den kein Zweifel herrscht. Eine Gruppe wird im Paradies sein und eine Gruppe im flammenden Feuer.*

Koran, Sure 42:8 *Hätte Allah gewollt, hätte Er sie zu einer einzigen Gemeinde gemacht; jedoch lässt Er in Seine Barmherzigkeit ein, wen Er will. Und die Ungerechten werden weder Beschützer noch Helfer haben. Oder haben sie sich etwa Beschützer außer Ihm genommen? Doch Allah allein ist der Beschützer; und Er macht die Toten lebendig; und Er hat Macht über alle Dinge.*

Koran, Sure 42:10 *Und über was immer ihr uneins seid, die Entscheidung darüber ruht bei Allah. Das ist Allah, mein Herr; auf Ihn vertraue ich, und zu Ihm wende ich mich. Der Schöpfer der Himmel und der Erde - Er hat aus euch selbst Gattinnen für euch gemacht und Paare aus dem Vieh. Dadurch vermehrt Er euch. Es gibt nichts Seinesgleichen; und Er ist der Allhörende, der Allsehende. Sein sind die Schlüssel der Himmel und der Erde. Er erweitert und beschränkt dem die Mittel zum Unterhalt, dem Er will. Wahrlich, Er ist der Allwissende aller Dinge.*

Die Anfänge der Macht und des Dschihad in Medina

Medina war eine Zehntagesreise von Mekka entfernt, doch schon seit jeher kamen die Medinenser nach Mekka zu den Märkten. Medina war zur Hälfte jüdisch, zur Hälfte arabisch, und zwischen beiden Seiten bestanden fortwährend Spannungen. Die Juden arbeiteten als Bauern und Handwerker und waren gebildet. Sie waren die vermögende Klasse, doch ihre Macht schwand allmählich. In früherer Zeit hatten die Araber sie überfallen und bestohlen, und die

Juden hatten es ihnen heimgezahlt, indem sie sagten, eines Tages werde ein Prophet kommen, der sie über die Araber siegen lassen werde. Ungeachtet der Spannungen war der arabische Stamm der Khazraj mit den Juden verbündet.

I286 Als nun die Angehörigen des Stammes Khazraj Mohammed trafen, sagten sie zueinander: „Das ist der Prophet, von dem die Juden gesprochen haben. Wollen wir uns ihm anschließen, bevor es die Juden tun." Sie wurden zu Muslimen, und ihr Stamm war zerstritten und gespalten. Sie hofften, der Islam könne sie einen, und schon bald hatte man in jedem Haus in Medina vom Islam gehört.

I289 Im folgenden Jahr, als die medinensischen Muslime nach Mekka zurückkehrten, legten sie vor Mohammed einen Eid ab. Danach kehrten sie nach Medina zurück, und schon bald unterwarfen sich viele Medinenser dem Islam.

I294 Beim nächsten Markt in Mekka ließen sich viele der neuen Muslime aus Medina sehen. Sie legte ihren Eid vor Mohammed ab. Nach dem Eid fragte einer von ihnen nach ihren nun zerrissenen Bänden mit den Juden Medinas. Wenn sie Mohammed mit Waffengewalt unterstützen und erfolgreich sein würden, würde er dann nach Mekka zurückkehren? Mohammed lächelte und sagte: „Nein, Blut ist Blut, und Blut, für das nicht gezahlt wird, ist Blut, für das nicht gezahlt wird." Die Blutrache und die Verpflichtung dazu war ihnen geläufig. „Ich werde sie bekriegen, die euch bekriegen, und denen friedlich gesonnen sein, die euch friedlich gesonnen sind."

Die Eröffnungsworte zum Krieg

I313 Bislang hatte man die hauptsächlichen Spannungen des geteilten Stammes der Quraisch hinsichtlich der neuen Religion mit Worten gelöst. Flüche und Beleidigungen waren ausgetauscht worden. Mohammed verdammte die Mekkaner fast täglich aufs Neue. Die Quraisch hatten Mohammed verspottet und Konvertiten der Unterschicht belästigt. Es wurde nicht mehr Blut vergossen als bei Schlägereien. Schmutz wurde geworfen, doch zu richtiger Gewalt kam es nicht. Keiner war ums Leben gekommen.

Auswanderung

I314 Die Muslime aus Medina hatten versprochen, Mohammed im Krieg zu unterstützen und den Muslimen von Mekka zu helfen. Die Muslime verließen Mekka und zogen nach Medina. Die Muslime aus Mekka wie auch aus Medina standen davor, geprüft zu werden.

> **Koran, Sure 29:1** *Alif Lam Mim. Meinen die Menschen, sie würden in Ruhe gelassen werden, wenn sie bloß sagten: „Wir glauben", und meinen sie, sie würden nicht auf die Probe gestellt? Und Wir stellten doch die auf die Probe, die vor ihnen waren. Also wird Allah gewiss die erkennen, die wahrhaftig sind, und gewiss wird Er die Lügner erkennen. Oder glauben diejenigen, die böse Taten begehen, dass sie Uns entrinnen könnten? Übel ist es, wie sie urteilen.*

> **Koran, Sure 29:5** *Wer mit Allahs Begegnung rechnet, (der soll wissen, dass) Allahs angesetzte Frist sicher abläuft. Und Er ist der Allhörende, der Allwissende. Und wer da eifert, eifert nur für seine eigene Seele; denn Allah ist auf niemanden von allen Welten angewiesen. Und jene, die glauben und gute Werke tun - wahrlich, Wir werden ihre Übel von ihnen nehmen und ihnen den besten Lohn für ihre Taten geben.*

Der Koran von Medina

Die Juden

Kapitel 6

9:63 Wissen sie denn nicht, dass für den, der Allah und Seinem Gesandten zuwiderhandelt, das Feuer der Gahannam bestimmt ist? Darin wird er auf ewig bleiben; das ist die große Demütigung.

Als Mohammed nach Medina kam, bestand etwa die Hälfte der Bewohner aus Juden. Es gab drei jüdische und zwei arabische Stämme. Die Juden waren Bauern und Kaufleute und lebten in ihren eigenen umfriedeten Vierteln. Im Allgemeinen waren sie gebildeter und wohlhabender als die Araber.

Vor Mohammeds Ankunft hatte es zwischen den einzelnen Stämmen viel böses Blut und Tötungen gegeben. Die letzte Schlacht wurde von den zwei arabischen Stämmen ausgefochten, doch auch jeder der jüdischen Stämme hatte mit seinen speziellen arabischen Verbündeten daran teilgenommen.

I351 Die Rabbis begannen, Mohammed komplizierte Fragen zu stellen. Doch an Allah zu zweifeln war ketzerisch. In Mekka hatte Mohammed die Gemeinschaft in Anhänger des Islam und solche, die den arabischen Urreligionen angehörten, aufgeteilt. Er übernahm all die klassischen jüdischen Geschichten, um sein Prophetentum unter Beweis zu stellen, und sprach gut von den Juden. Es lebten jedoch fast keine Juden in Mekka, deshalb widersprach ihm niemand.

In Medina bestand die Hälfte der Bevölkerung aus Juden, die vor Mohammed nicht verhehlten, dass sie anderer Meinung waren als er. Deshalb stritt sich Mohammed in Medina mit den Juden ebenso wie mit den arabischen Kuffar. Und auch wenn es in der Stadt nur sehr wenige Christen gab, stritt sich Mohammed auch mit ihnen. Sämtliche Kuffar in Medina wurden verbal attackiert.

Die wahre Thora findet sich im Koran

Wiederholt erklärte Mohammed, die Juden und Christen hätten ihre heiligen Texte verfälscht, um die Tatsache zu verbergen, dass er in ihren Schriften vorausgesagt wurde. Die Geschichten im Koran ähneln denen der jüdischen Schriften, haben jedoch einen anderen Inhalt. Sämtliche Geschichten im Koran, die sich im jüdischen Schrifttum finden, weisen darauf hin, dass Allah alle Kulturen zerstört habe, die seine Gesandten nicht anhören wollten.

I364 Die Juden aber glaubten nicht, dass Mohammed ein Prophet war. Infolgedessen leben sie im Irrtum und sind von Allah verflucht. Und indem sie sein Prophetentum leugneten, verschworen sie sich gegen ihn und den Islam.

> **Koran, Sure 2:40** *O ihr Kinder Israels! Gedenkt Meiner Gnade, die Ich euch erwiesen habe und erfüllt euer Versprechen Mir gegenüber, so erfülle Ich Mein Versprechen euch gegenüber. Und Mich allein sollt ihr fürchten. Und glaubt an das, was Ich als Bestätigung dessen herabgesandt habe [den Koran], was bei euch ist, und seid nicht die ersten, die dies verleugnen! Und tauscht Meine Zeichen nicht ein gegen einen geringen Preis, und Mir allein gegenüber sollt ihr ehrfürchtig sein. Und mischt nicht Wahrheit mit Unrecht durcheinander! [Die Juden verbargen ihre Schriften, die prophezeiten, dass Mohammed der letzte Prophet sein werde] Und verschweigt nicht die Wahrheit, wo ihr (sie) doch kennt. Und verrichtet das Gebet und entrichtet die Zakah und verneigt euch mit den Sich-Verneigenden. Wollt ihr den Menschen Aufrichtigkeit gebieten und euch selbst vergessen, wo ihr doch das Buch lest! Habt ihr denn keinen Verstand? Und helft euch durch Geduld und Gebet; dies ist wahrlich schwer, außer für Demütige, welche es ahnen, dass sie ihrem Herrn begegnen und dass sie zu Ihm heimkehren werden.*

I367 Der Koran berichtet erneut von den zahlreichen Wohltaten, die Allah den Juden erwiesen hat – sie waren das auserwählte Volk, befreit aus der Sklaverei unter dem Pharao, Empfänger der heiligen Thora, und dennoch hatten sie immerzu nur gesündigt. Viele Male wurde ihnen von Allah vergeben, dennoch sind sie hart wie ein Stein und weigern sich, Mohammed zu glauben. Sie haben die Thora, obwohl sie sie verstanden hatten, in ihr Gegenteil verfälscht.

> **Koran, Sure 2:75** *Verlangt ihr denn, dass sie euch glauben, wo doch eine Schar von ihnen das Wort Allahs bereits gehört und es dann, nachdem sie es begriffen hatten, bewusst verfälschten? [Die Juden verbargen ihre Schriften, die prophezeiten, dass Mohammed der letzte Prophet sein werde] Und wenn sie mit denen zusammentreffen, die glauben, so sagen sie: „Wir glauben." Und wenn sie aber untereinander allein sind, sagen sie: „Sprecht ihr zu ihnen über das, was Allah euch eröffnet hat, damit sie es vor eurem Herrn als Argument gegen euch verwenden?" Begreift ihr denn nicht? Als ob sie nicht wüssten, dass Allah weiß, was sie verheimlichen und was sie kundtun!*

I369 Die Sünden der Juden sind so groß, dass Allah sie in Affen verwandelt hat.

> **Koran, Sure 2:63** *Und als Wir mit euch einen Bund schlossen und über euch den Berg emporragen ließen (und zu euch sagten): „Haltet fest an dem, was Wir euch gebracht haben, und gedenkt dessen, was darin enthalten ist; vielleicht werdet ihr gottesfürchtig sein"; da habt ihr euch abgewandt; und wenn nicht die Gnade Allahs und Seine Barmherzigkeit über euch gewesen wären, so wäret ihr gewiss unter den Verlierenden gewesen. Und gewiss habt ihr diejenigen unter euch gekannt, die das Sabbat-Gebot brachen. Da sprachen Wir zu ihnen: „Werdet ausgestoßene Affen." Und Wir machten dies zu einem warnenden Beispiel für alle Zeiten und zu einer Lehre für die Gottesfürchtigen.*

I370 Die Juden haben Mohammeds Wahrheit verstanden und dann ihre Schriften verändert, um nicht eingestehen zu müssen, dass Mohammed recht hat.

Koran, Sure 5:59 *Sprich: „O Leute der Schrift [Juden], ihr grollt uns nur deswegen, weil wir an Allah und an das glauben, was zu uns herabgesandt und was schon vorher herabgesandt wurde, und weil die meisten von euch Frevler sind." Sprich: „Soll ich euch über die belehren, deren Lohn bei Allah noch schlimmer ist als das? Es sind jene, die Allah verflucht hat und denen Er zürnt und aus denen Er Affen [die Juden], Schweine [die Christen] und Götzendiener gemacht hat. Diese befinden sich in einer noch schlimmeren Lage und sind noch weiter vom rechten Weg abgeirrt."*

Koran, Sure 5:61 *Und wenn sie zu euch kommen, sagen sie: „Wir glauben", während sie doch mit Unglauben eintreten und in diesem fortgehen; und Allah weiß am besten, was sie verborgen halten. Und du siehst, wie viele von ihnen in Sünde und Übertretung und im Verzehr verbotener Dinge wetteifern. Übel ist wahrlich, was sie getan haben. Warum untersagen ihnen die Rabbiner und die Schriftgelehrten nicht ihre sündige Rede und ihren Verzehr von Verbotenem? Übel ist wahrlich, was sie getrieben haben.*

Koran, Sure 2:174 *Diejenigen [die Juden], die verbergen, was Allah von dem Buch herabgesandt hat, und es um einen geringen Preis verkaufen, diese verzehren in ihren Bäuchen nichts als Feuer. Und Allah wird zu ihnen am Tage der Auferstehung weder sprechen noch wird Er sie läutern; und ihnen wird eine schmerzliche Strafe zuteil sein. Sie sind es, die den Irrtum für die Rechtleitung erkauft haben und die Strafe für die Vergebung. Wie können sie dem Feuer gegenüber standhaft sein!*

Ein ominöser Wandel

I381 In Mekka sprach Mohammed gut von den Juden. Es gab dort auch nur wenige. In Medina jedoch lebten viele Juden, und sein Verhältnis zu ihnen war angespannt. Bis jetzt hatte Mohammed sich beim Beten Richtung Jerusalem gewandt. Nun wurde die Quibla, die Gebetsrichtung, nach Mekka hin zur Kaaba geändert. Einige Juden kamen zu ihm und fragten, weshalb er die Gebetsrichtung geändert habe – schließlich behaupte er doch, der Religion Abrahams zu folgen. Im Koran stand die Antwort:

> **Koran, Sure 2:142** *Die Toren unter den Menschen werden sagen: „Was hat sie bewogen, sich von ihrer Qibla [die Richtung, in die das islamische Gebet verrichtet wurde] abzuwenden, nach der sie sich bisher gerichtet hatten?" Sprich: „Allah gehört der Osten und der Westen; Er leitet, wen Er will, zu einem geraden Weg." Und so machten Wir euch [die Muslime] zu einer Gemeinde von redlicher Gesinnung, auf dass ihr Zeugen seiet über die Menschen und auf dass der Gesandte Zeuge sei über euch. Und Wir haben die Qibla, nach der du dich bisher gerichtet hattest, nur gemacht, damit Wir denjenigen, der dem Gesandten folgt, von demjenigen unterscheiden, der auf seinen Fersen eine Kehrtwendung macht; und dies war wahrlich schwer, außer für diejenigen, die Allah rechtgeleitet hat. Und es ist nicht Allah, Der euren Glauben verloren gehen lässt; wahrlich, Allah ist gegenüber den Menschen Mitleidig, Barmherzig. Wir sehen, wie dein [Mohammeds] Gesicht sich dem Himmel suchend zukehrt, und Wir werden dich nun zu einer Qibla wenden, mit der du zufrieden sein wirst. So wende dein Gesicht in Richtung der heiligen Moschee, und wo immer ihr auch seid, wendet eure Gesichter in ihre Richtung. Diejenigen, denen das Buch gegeben wurde [Juden], wissen bestimmt, dass es die Wahrheit von ihrem Herrn ist. Und Allah ist dessen nicht achtlos, was sie tun. Doch, wenn du denjenigen, denen das Buch gegeben wurde, alle Beweise brächtest, würden sie deine Qibla nicht befolgen. Und du befolgst ihre Qibla nicht; sie befolgen ja selbst untereinander ihre jeweilige Qibla nicht. Doch solltest du ihrem Ansinnen folgen nach dem, was dir an Wissen zugekommen ist, so würdest du bestimmt zu denen gehören, die Unrecht tun.*

Koran, Sure 62:5 *Das Gleichnis derer, denen die Thora [die ersten fünf Bücher des Alten Testaments] auferlegt wurde, und die ihr dann nicht nachlebten, ist wie das Gleichnis eines Esels, der Bücher trägt. Übel steht es um die Leute, die Allahs Zeichen leugnen. Und Allah rechtleitet kein ungerechtes Volk.*

Koran, Sure 4:44 *Hast du nicht jene gesehen [die Juden], denen ein Teil der Schrift gegeben wurde? Sie erkaufen Irrtum und wünschen, dass ihr auch vom Weg abirrt. Und Allah kennt am besten eure Feinde, und Allah genügt als Beschützer, und Allah genügt als Helfer. Es gibt welche unter den Juden, die Worte aus ihren Stellungen verdrehen und sagen: „Wir hören und wir gehorchen nicht", und „Höre, ohne gehört zu werden", und „Sei uns nachsichtig", indem sie mit ihren Zungen lügen und den Glauben lästern. Und hätten sie gesagt: „Wir hören und wir gehorchen", und „Höre", und „Schaue gnädig auf uns", wäre es besser für sie gewesen und aufrechter. Aber Allah hat sie zur Strafe für ihren Unglauben verflucht; darum glauben sie nur wenig.*

Koran, Sure 4:47 *O ihr [Juden und Christen], denen die Schrift gegeben wurde, glaubt an das, was Wir herabgesandt haben und welches das bestätigt, was euch schon vorliegt, bevor Wir manche Gesichter vernichten und sie auf ihre Rücken werfen oder sie verfluchen, wie Wir die Sabbatleute [Juden] verfluchten. Und Allahs Befehl wird mit Sicherheit ausgeführt.*

Die Christen

Kapitel 7

33:21 Wahrlich, ihr habt an dem Gesandten Allahs ein schönes Vorbild für jeden, der auf Allah und den Letzten Tag hofft und Allahs häufig gedenkt.

I404 Die wenigen Christen in Medina stritten sich mit Mohammed über Religion. Sie hielten an der Lehre von der Dreieinigkeit und der Göttlichkeit Christi fest. Mohammed erklärte später die islamische Version der christlichen Lehre. Der Koran beschreibt ausführlich die wahre Geschichte Christi, der nur ein weiterer von Allahs Propheten ist und dass die Dreieinigkeit der Christen aus Allah, Jesus und Maria besteht.

I406 Niemand verfügt über Macht außer durch Allah. Allah verlieh dem Propheten Jesus die Macht, Tote zu erwecken, Kranke zu heilen, Vögel aus Lehm zu formen und sie davonfliegen zu lassen. Allah ließ Jesus diese Zeichen tun, als Hinweise darauf, dass er ein Prophet war. Doch Allah stattete ihn nicht mit der Macht aus, Könige zu ernennen, noch mit der Fähigkeit, die Nacht zum Tage zu machen. Diese mangelhafte Macht war ein Beweis dafür, dass Jesus ein Mensch war, nicht Teil einer Dreieinigkeit. Wäre er ein Teil Gottes gewesen, hätte er sämtliche Formen der Macht in Händen gehabt. Dann hätte er nicht unter der Herrschaft von Königen gestanden.

I407 Christus sprach in der Wiege, und dann sprach er zu den Menschen als erwachsener Mann. Das Sprechen aus der Wiege ist ein Zeichen seines Prophetentums. Das Prophetentum Christi wurde bestätigt, indem er Vögel aus Lehm zum Fliegen brachte. Durch Allah heilte Christus die Blinden und Aussätzigen und erweckte die Toten.

Koran, Sure 5:109 *Am Tage, an dem Allah die Gesandten versammelt und spricht: „Welche Antwort empfingt ihr (auf eure Botschaft)?" sagen sie: „Wir haben kein Wissen, Du allein bist der Allwissende des Verborgenen." Wenn Allah sagen wird: „O Jesus, Sohn der Maria, gedenke Meiner Gnade gegen dich und gegen deine Mutter; wie Ich dich stärkte mit der heiligen Eingebung [Gabriel] - du sprachst zu den Menschen sowohl in der Wiege als auch im Mannesalter; und wie Ich dich die Schrift und die Weisheit lehrte und die Thora und das Evangelium; und wie du mit Meiner Erlaubnis aus Ton bildetest, was wie Vögel aussah, du hauchtest ihm dann (Atem) ein, und es wurde mit Meiner Erlaubnis zu (wirklichen) Vögeln; und wie du mit Meiner Erlaubnis die Blinden und die Aussätzigen heiltest; und wie du mit Meiner Erlaubnis die Toten erwecktest; und wie Ich die Kinder Israels von dir abhielt, als du zu ihnen mit deutlichen Zeichen kamst und die Ungläubigen unter ihnen sagten: ‚Das ist nichts als offenkundige Zauberei.'"*

Koran, Sure 5:111 *Und als Ich den Jüngern eingab, an Mich und an Meinen Gesandten zu glauben, da sagten sie: „Wir glauben, und sei Zeuge, dass wir (Dir) ergeben sind."*

I408 Christus kommt nur durch Allah. Die Zeichen von Christi Prophetentum kommen nur von Allah. Jesus befiehlt anderen, Allah anzubeten, nicht ihn. Doch die Leute weigerten sich, ihm zuzuhören, die Jünger kamen, um ihn bei seiner Mission zu unterstützen. Die Jünger waren Diener Allahs und waren Muslime, genau wie Christus.

I409 Christus wurde nicht gekreuzigt. Als die Juden sich gegen Christus verschworen, fanden sie in Allah den besten Verschwörer. Allah nahm Jesus unmittelbar zu sich, und er wird die widerlegen, die behaupten, er sei gekreuzigt worden und auferstanden. Am jüngsten Tag, dem Tag der Auferstehung, werden alle gesegnet sein, die Christus folgen, aber nicht an seine Göttlichkeit glauben. Die aber darauf beharren, dass Christus Gott ist und Teil der Dreieinigkeit, und den wahren Glauben von sich weisen, die werden in der Hölle bestraft werden.

> **Koran, Sure 3:54** *Und sie schmiedeten eine List, und Allah schmiedete eine List; und Allah ist der beste Listenschmied. Damals sprach Allah: „O Jesus, siehe, Ich will dich verscheiden lassen und will dich zu Mir erhöhen und will dich von den Ungläubigen befreien und will deine Anhänger über die Ungläubigen setzen bis zum Tag der Auferstehung. [Jesus starb nicht am Kreuz, er wurde zu Allah aufgenommen. Er wird zurückkehren, um den Antichristen zu töten und dann eines natürlichen Todes sterben] Alsdann werdet ihr zu Mir wiederkehren, und Ich will zwischen euch richten über das, worüber ihr uneins wart. Was aber die Ungläubigen anbelangt, so werde Ich sie schwer im Diesseits und im Jenseits bestrafen; und sie werden keine Helfer finden." Was aber diejenigen anbelangt, die glauben und gute Werke tun, so wird Er ihnen ihren vollen Lohn geben. Und Allah liebt nicht die Ungerechten. Dies verlesen Wir dir von den Zeichen und der weisen Ermahnung.*

Obwohl der Koran weniger über Christen spricht als über Juden, werden sie dennoch erwähnt.

> **Koran, Sure 4:171** *O Leute der Schrift [Christen], übertreibt nicht in eurem Glauben und sagt von Allah nichts als die Wahrheit. Wahrlich, der Messias, Jesus, Sohn der Maria, ist nur der Gesandte Allahs und Sein Wort, das Er Maria entboten hat, und von Seinem Geist. Darum glaubt an Allah und Seine Gesandten, und sagt nicht: „Drei." Lasst (davon) ab - (das) ist besser für euch. Allah ist nur ein einziger Gott. Es liegt Seiner Herrlichkeit fern, Ihm ein Kind zuzuschreiben. Sein ist, was in den Himmeln und was auf Erden ist; und Allah genügt als Sachwalter. Der Messias wird es niemals verschmähen, Diener Allahs zu sein; ebenso nicht die (Allah) nahestehenden Engel; und wer es verschmäht, Ihn anzubeten, und sich dazu zu erhaben fühlt - so wird Er sie alle zu Sich versammeln.*

Koran, Sure 61:6 *Und da sagte Jesus, der Sohn der Maria: „O ihr Kinder Israels, ich bin Allahs Gesandter bei euch, der Bestätiger dessen, was von der Thora vor mir gewesen ist, und Bringer der frohen Botschaft eines Gesandten, der nach mir kommen wird. Sein Name wird Ahmad sein" [Ahmad war einer von Mohammeds Namen. Dieses Jesus-Zitat findet sich in keiner der christlichen Schriften]. Und als er [Mohammed] zu ihnen mit den Beweisen kam, sagten sie: „Das ist ein offenkundiger Zauber." Und wer ist ungerechter als der, der gegen Allah eine Lüge erdichtet und selbst zum Islam aufgefordert wird? Und Allah leitet kein ungerechtes Volk. Sie wollen Allahs Licht mit ihren Mündern auslöschen, doch Allah wird Sein Licht vollenden, auch wenn die Ungläubigen es verwünschen.*

Koran, Sure 5:112 *Als die Jünger sagten: „O Jesus, Sohn der Maria, ist dein Herr imstande, uns einen Tisch (mit Speisen) vom Himmel herabzusenden?" sagte er: „Fürchtet Allah, wenn ihr Gläubige seid." Sie sagten: „Wir wollen davon essen, und unsere Herzen sollen beruhigt sein, und wir wollen wissen, dass du in Wahrheit zu uns gesprochen hast, und wollen selbst dafür Zeugnis ablegen." Da sagte Jesus, der Sohn der Maria: „O Allah, unser Herr, sende uns einen Tisch (mit Speisen) vom Himmel herab, dass er ein Fest für uns sei, für den Ersten von uns und für den Letzten von uns, und ein Zeichen von Dir; und versorge uns; denn Du bist der beste Versorger." Allah sprach: „Siehe, Ich will ihn (den Tisch) zu euch niedersenden; wer von euch aber danach ungläubig wird, über den werde Ich eine Strafe verhängen, mit welcher Ich keinen anderen auf der Welt bestrafen werde."*

Koran, Sure 5:116 *Und wenn Allah sprechen wird: „O Jesus, Sohn der Maria, hast du zu den Menschen gesagt: ‚Nehmt mich und meine Mutter als zwei Götter neben Allah?'" wird er antworten: „Gepriesen seist Du. Nie könnte ich das sagen, wozu ich kein Recht* *hatte. Hätte ich es gesagt, würdest Du es sicherlich wissen. Du weißt, was in meiner Seele ist, aber ich weiß nicht, was Du in Dir hegst. Du allein bist der Allwissende des Verborgenen." Nichts anderes sagte ich zu ihnen, als das, was Du mich geheißen hattest: „Betet Allah an, meinen Herrn und euren Herrn." Und ich war ihr Zeuge, solange ich unter ihnen weilte, doch nachdem Du mich abberufen hattest, bist Du ihr Wächter gewesen; und Du bist der Zeuge aller Dinge. Wenn Du sie bestrafst, sind sie Deine Diener, und wenn Du ihnen verzeihst, bist Du wahrlich der Allmächtige, der Allweise.*

Der Koran bedient sich häufig der Bezeichnung "Leute der Schrift". Zu Mohammeds Zeiten gab es in Arabien keine Bücher. Das schriftliche Arabisch wurde hauptsächlich im Geschäftsleben benutzt. Weil sowohl das Christentum als auch das Judentum religiöse Texte verwendeten, war dies ein Unterscheidungsmerkmal. Der Begriff "Leute der Schrift" kann sich sowohl auf Juden, auf Christen als auch auf beide beziehen.

Muslime sagen zu den Christen und Juden, sie seien keine Kuffar, sondern "Leute der Schrift". Nur jene Christen jedoch, die nicht daran glauben, dass Jesus Gottes Sohn war, dass es keine Dreieinigkeit gibt, dass Jesus nicht gekreuzigt wurde, nicht starb und auch nicht auferstand, und dass die Evangelien eine Lüge sind, gelten als wahre Christen. Und nur die Juden, die glauben, dass Mohammed der letzte Prophet war, gelten als wahre Juden.

Anders gesagt: Christen und Juden sind Kuffar, wie alle anderen auch, die Mohammed nicht als Propheten Allahs anerkennen.

Die Heuchler

Kapitel 8

47:33 O ihr, die ihr glaubt, gehorcht Allah und gehorcht dem Gesandten und vereitelt nicht eure Werke!

Die Heuchler

I351 Vor Mohammed waren die Araber zufrieden mit ihrer Religion und gingen mit anderen tolerant um. Viele Araber wurden Muslime, weil Druck auf sie ausgeübte wurde, sich dem Islam zu unterwerfen. Insgeheim jedoch waren sie Heuchler, die sich mit den Juden verbündeten, weil sie glaubten, Mohammed unterliege einer Täuschung.

I365 Im Koran findet sich ein Gleichnis über die Heuchler:

> **Koran, Sure 2:8** *Und manche Menschen [die Juden] sagen: „Wir glauben an Allah und an den Jüngsten Tag", doch sie sind keine Gläubigen. Sie versuchen, Allah und die Gläubigen zu betrügen, und doch betrügen sie nur sich selbst, ohne dass sie dies empfinden. In ihren Herzen ist eine Krankheit, und Allah mehrt ihre Krankheit, und für sie ist eine schmerzliche Strafe dafür bestimmt, dass sie logen.*
>
> **Koran, Sure 2:11** *Und wenn ihnen gesagt wird: „Stiftet kein Unheil auf der Erde", so sagen sie: „Wir sind doch die, die Gutes tun." Gewiss jedoch sind sie die, die Unheil stiften, aber sie empfinden es nicht. Und wenn ihnen gesagt wird: „Glaubt wie die Menschen geglaubt haben", sagen sie: „Sollen wir etwa wie die Toren glauben?" Gewiss jedoch sind sie selbst die Toren, aber sie wissen es nicht. Und wenn sie mit den Gläubigen zusammentreffen, so sagen sie: „Wir glauben."*

Wenn sie aber mit ihren Satanen [Juden und Christen] allein sind, sagen sie: „Wir sind ja mit euch; wir treiben ja nur Spott." Allah verspottet sie und lässt sie weiter verblendet umherirren.

I355 Einer der Medinenser wurde ein Muslim, doch später begann er an Mohammeds Wahrheit zu zweifeln und sagte: „Wenn dieser Mann recht hat, sind wir schlechter als Esel." Die Loyalität zum Islam kommt noch vor der Familie, der Nation, dem Freund. Als Mohammed ihn mit seinen Bemerkungen konfrontierte, stritt er alles ab. Der Koran kommentiert:

> **Koran, Sure 9:74** *Sie schwören bei Allah, dass sie nichts gesagt hätten, doch sie führten unzweifelhaft lästerliche Rede, und sie fielen in den Unglauben zurück, nachdem sie den Islam angenommen hatten. Sie begehrten das, was sie nicht erreichen konnten [einen Plan gegen Mohammed zu schmieden]. Und sie nährten nur darum Hass, weil Allah und Sein Gesandter sie in Seiner Huld reich gemacht hatten. [Der Widerstand gegen Mohammed ließ nach, als das Geld aus der Kriegsbeute der medinensischen Wirtschaft zugeführt wurde] Wenn sie nun bereuen, so wird es besser für sie sein; wenden sie sich jedoch (vom Glauben) ab, so wird Allah sie in dieser Welt und im Jenseits mit schmerzlicher Strafe bestrafen, und sie haben auf Erden weder Freund noch Helfer.*

I364 Mohammed pflegte über einen der Heuchler zu sagen, er habe das gleiche Gesicht wie Satan. Dieser Mann saß immer da und hörte Mohammed zu, und danach widerrief er vor den Heuchlern das, was er gehört hatte. Er sagte über Mohammed: „Mohammed hört auf alles. Wenn ihm jemand etwas erzählt, so glaubt er es." Der Koran sagt über ihn und andere Heuchler:

> **Koran, Sure 9:61** *Und unter ihnen sind jene, die den Propheten kränken und sagen: „Er hört (auf alles)." Sprich: „Er hört für euch nur auf das Gute: Er glaubt an Allah und vertraut den Gläubigen und erweist denen unter euch Barmherzigkeit, die gläubig sind." Und denen, die den Gesandten Allahs kränken, wird eine schmerz-*

liche Strafe zuteil sein. Sie schwören euch bei Allah, um euch zufriedenzustellen; jedoch Allahs und Seines Gesandten Würde geziemt es mehr, Ihm zu gefallen, wenn sie gläubig sind.

Koran, Sure 9:63 *Wissen sie denn nicht, dass für den, der Allah und Seinem Gesandten zuwiderhandelt, das Feuer der Gahannam bestimmt ist? Darin wird er auf ewig bleiben; das ist die große Demütigung.*

I358 Einer der Heuchler entschuldigte seine Kritiksucht, indem er sagte, er plaudere und scherze nur. Keine Kritik war zu gering, um nicht bemerkt zu werden.

Koran, Sure 9:65 *Und wenn du sie fragst, so werden sie gewiss sagen: „Wir plauderten nur und scherzten." Sprich: „Galt euer Spott etwa Allah und Seinen Zeichen und Seinem Gesandten?" Versucht euch nicht zu entschuldigen. Ihr seid ungläubig geworden, nachdem ihr geglaubt habt. Wenn Wir einem Teil von euch vergeben, so bestrafen (Wir) den anderen Teil deshalb, weil sie Sünder waren. Die Heuchler und Heuchlerinnen gehören zueinander. Sie gebieten das Böse und verbieten das Gute; und ihre Hände bleiben geschlossen. Sie haben Allah vergessen, und so hat Er sie vergessen. Wahrlich, die Heuchler sind wahre Frevler. Allah hat den Heuchlern und Heuchlerinnen und den Ungläubigen das Feuer der Gahannam versprochen; darin werden sie auf ewig bleiben. Das wird genug für sie sein. Und Allah hat sie verflucht, und ihnen wird eine dauernde Strafe zuteil sein.*

I365 Die Heuchler ändern ihr Gesicht, je nachdem, mit wem sie zusammen sind. Wenn sie mit Muslimen zusammen sind, glauben sie. Wenn Sie jedoch mit den Bösen (den Juden) zusammen sind, halten sie zu den Juden. Es sind die Juden, die ihnen befehlen, die Wahrheit zu leugnen und Mohammed zu widersprechen.

Koran, Sure 4:138 *Verkündige den Heuchlern die frohe Botschaft, dass ihnen schmerzliche Strafe zuteil werde; jenen, die sich Ungläubige als Beschützer anstelle der Gläubigen nehmen. Suchen sie etwa Macht und Ansehen bei ihnen? Wahrlich, Allah allein gehört alle Erhabenheit.*

Dschihad – Ein Krieg gegen alle

Kapitel 9

4:42 An jenem Tag werden diejenigen, welche ungläubig waren und dem Gesandten den Gehorsam versagten, wünschen, dass doch die Erde über ihnen geebnet werde, und sie werden kein Wort vor Allah verbergen können.

Die Muslime waren arm und die Mekkaner reich. Dann war da die Sache mit der Austreibung aus Mekka, und Mohammed wollte Rache. Er hatte eine Idee, die sowohl dem Reichtum als auch der Rache Rechnung trug. Er würde die mekkanischen Karawanen überfallen.

Dschihad – Die erste Tötung

I416 Mohammed sandte seine Kämpfer zu sieben bewaffneten Überfällen aus, um die Handelskarawanen zu finden, die unterwegs nach Mekka waren. Keine der Missionen fand eine Karawane.

I423 Dann schickte Mohammed Abdullah mit acht Männern aus. Sie griffen auf ein Täuschungsmanöver zurück und gaben sich als religiöse Pilger aus, damit sie die Männer mit ihren Karawanengütern angreifen, töten und gefangen nehmen konnten. Die Mekkaner beschuldigten Mohammed, ein Kriegsverbrecher zu sein, der den arabischen Kriegskodex verletzt habe, indem er seinen Angriff im heiligen Monat startete.

Der Koran jedoch sagt:

> **Koran, Sure 2:216** *Zu kämpfen ist euch vorgeschrieben, auch wenn es euch widerwärtig ist. Doch es mag sein, dass euch etwas widerwärtig ist, was gut für euch ist, und es mag sein, dass euch etwas lieb ist, was übel für euch ist. Und Allah weiß es, doch ihr*

wisst es nicht. Sie befragen dich über das Kämpfen im heiligen Monat. Sprich: „Das Kämpfen in ihm ist schwerwiegend. Doch das Abbringen vom Weg Allahs und nicht an Ihn zu glauben und (den Zutritt) zur heiligen Moschee (zu verwehren) und deren Bewohner daraus zu vertreiben, ist schwerwiegender vor Allah. Und die Verführung ist schwerwiegender als Töten." Und sie werden nicht ablassen, gegen euch zu kämpfen, bis sie euch von eurem Glauben abbringen, wenn sie dazu imstande sind. Wer sich aber von euch von seinem Glauben abbringen lässt und als Ungläubiger stirbt - das sind diejenigen, deren Taten wertlos sein werden in dieser Welt und im Jenseits. Sie werden die Bewohner des Feuers sein, und darin werden sie ewig verweilen.

Der Kampf für Allahs Sache – Badr

I428 Mohammed hatte überragendes Glück. Sein Feind Abu Sufyan, ein wohlhabender Kaufmann, besaß eine Karawane, die in der Nähe von Medina vorbeizog. Es gelang ihm, eine kleine Armee zu rekrutieren, die ihm von Mekka aus zu Hilfe kam, als er erfuhr, dass Mohammed vorhabe, ihn anzugreifen. Die darauffolgende Schlacht veränderte die Weltgeschichte, als Mohammed mit einer Unterlegenheit von 1 zu 3 in den Krieg zog. Dieser Tag gehörte dem Islam.

I476 Nach der Schlacht von Badr wurde der Koran um eine ganze Sure reicher. Die Muslime waren nicht allein. Allah sandte tausend Engel, um bei der Tötung der Kuffar zu helfen.

> **Koran, Sure 8:2** *Gläubig sind wahrlich diejenigen, deren Herzen erbeben, wenn Allah genannt wird, und die in ihrem Glauben gestärkt sind, wenn ihnen Seine Verse verlesen werden, und die auf ihren Herrn vertrauen. Das sind jene, die das Gebet verrichten und von dem spenden, was Wir ihnen gegeben haben. Diese sind die wahren Gläubigen. Sie genießen (die hohe) Wertschätzung ihres Herrn sowie Vergebung und eine ehrenvolle Versorgung.*

Koran, Sure 8:5 *Dies (genauso), wie dein Herr dich in gerechter Weise aus deinem Hause führte, während ein Teil der Gläubigen abgeneigt war. Sie streiten mit dir über die Wahrheit, nachdem sie (ihnen) doch deutlich kund geworden ist, als ob sie in den Tod getrieben würden und (ihn) vor Augen hätten.*

Koran, Sure 8:7 *Und damals verhieß Allah euch von einer der beiden Scharen, sie solle euch zufallen, und ihr wünschtet, dass diejenige ohne Kampfkraft für euch bestimmt sei; [Mohammed hatte sich auf den Weg gemacht, um eine große, unbewaffnete mekkanische Karawane zu überfallen. Doch eine tausendköpfige Armee aus Mekka stieß hinzu, um die Karawane zu beschützen] Allah aber will, dass die Wahrheit durch Seine Worte vollbracht werde und dass die Wurzel der Ungläubigen ausgerottet werde, damit Er die Wahrheit an den Tag bringe und den Trug zunichte mache, mag es den Sündern auch zuwider sein. Da ihr zu eurem Herrn um Hilfe schriet, und Er euch erhörte und versprach: „Ich will euch mit eintausend Engeln nacheinander beistehen." Allah sagte dies nur als frohe Botschaft, damit eure Herzen sich beruhigten. Jedoch die Hilfe kommt von Allah allein; wahrlich, Allah ist Erhaben, Allweise;*

Koran, Sure 8:11 *Denn Er ließ den Schlaf als eine Sicherheit von Ihm auf euch niedersinken; und Er sandte Wasser auf euch aus den Wolken nieder, um euch damit zu reinigen und Satans Befleckung von euch hinwegzunehmen, auf dass Er eure Herzen stärkte und (eure) Schritte festigte. [Der Regen vor der Schlacht weichte den Boden auf und behinderte die mekkanische Kavallerie]*

Koran, Sure 8:12 *Da gab dein Herr den Engeln ein: „Ich bin mit euch; so festigt denn die Gläubigen. In die Herzen der Ungläubigen werde Ich Schrecken werfen. Trefft (sie) oberhalb des Nackens und schlagt ihnen jeden Finger ab!" Dies (war so), weil sie Allah und*

Seinem Gesandten trotzten. Wer aber Allah und Seinem Gesandten trotzt, wahrlich, Allah ist streng im Strafen. Dies sollt ihr kosten; und (wisst), dass für die Ungläubigen die Feuerspein bestimmt ist.

Koran, Sure 8:15 *O ihr, die ihr glaubt, wenn ihr auf die Ungläubigen stoßt, die im Heerzug vorrücken, so kehrt ihnen nicht den Rücken. Und derjenige, der ihnen an solch einem Tage den Rücken kehrt, es sei denn, er schwenke zur Schlacht oder zum Anschluss an einen Trupp ab, der lädt wahrlich Allahs Zorn auf sich, und seine Herberge soll Gahannam sein; und schlimm ist das Ende! Nicht ihr habt sie erschlagen, sondern Allah erschlug sie. Und nicht du hast geschossen, sondern Allah gab den Schuss ab; und prüfen wollte Er die Gläubigen mit einer schönen Prüfung von Ihm. Wahrlich, Allah ist Allhörend, Allwissend. Dies - und (wisst), dass Allah die List der Ungläubigen kraftlos machen will.*

Koran, Sure 8:19 *Verlangt ihr eine Entscheidung, dann ist die Entscheidung schon zu euch gekommen. Und wenn ihr absteht, so ist es besser für euch; kehrt ihr jedoch (zur Feindseligkeit) zurück, werden auch Wir (zu ihr) zurückkehren, und eure Menge soll euch nichts nützen, so zahlreich sie auch sein mag; denn (wisst), dass Allah mit den Gläubigen ist.*

I481 Nach dem Krieg und dem Sieg gilt es, Kriegsbeute zu verteilen. Ein Fünftel geht an den Apostel, Allahs Propheten.

Koran, Sure 8:41 *Und wisst, was immer ihr erbeuten mögt, ein Fünftel davon [traditionsgemäß betrug der Anteil für einen Führer ein Viertel] gehört Allah und dem Gesandten und der Verwandtschaft und den Waisen und den Bedürftigen und dem Sohn des Weges, wenn ihr an Allah glaubt und an das, was Wir zu Unserem Diener niedersandten am Tage der Unterscheidung, dem Tage, an dem die beiden Heere zusammentrafen; und Allah hat Macht über alle Dinge.*

1482 Beim Krieg (Dschihad), denke die ganze Zeit an Allah, und du wirst die Oberhand gewinnen. Gehorche Mohammed, streite nicht mit ihm und streitet nicht miteinander. Gib nicht auf, verlier nicht die Moral. Allah wird sehen, dass du den Sieg davonträgst. Und wenn die Kuffar hingeschlachtet sind, dann fangen ihre Sorgen erst an. Allah wird sie mit Hilfe seiner Engel für immer peinigen.

> **Koran, Sure 8:45** *O ihr, die ihr glaubt, wenn ihr auf eine Schar stoßt, so bleibt fest und denkt eifrig an Allah, auf dass ihr erfolgreich sein mögt. Und gehorcht Allah und Seinem Gesandten und hadert nicht miteinander, damit ihr nicht versaget und euch die Kampfkraft nicht verlässt. Seid geduldig; wahrlich, Allah ist mit den Geduldigen. Und seid nicht wie jene, die prahlerisch und, um von den Leuten gesehen zu werden, aus ihren Wohnstätten auszogen, und die von Allahs Weg abhalten. Und Allah umfasst das, was sie tun.*

> **Koran, Sure 8:48** *Und da ließ Satan ihnen ihre Werke als wohlgefällig erscheinen und sagte: „Keiner unter den Menschen soll heute etwas gegen euch ausrichten können, und ich bin eure Stütze." Als jedoch die beiden Heerscharen einander ansichtig wurden, da wandte er sich auf seinen Fersen um und sagte: „Ich habe nichts mit euch zu schaffen; ich sehe, was ihr nicht seht. [Die Engel halfen beim Töten der Kuffar] Ich fürchte Allah; und Allah ist streng im Strafen."*

> **Koran, Sure 8:49** *Da sagten die Heuchler [Muslime, die schwach in ihrem Glauben waren] und diejenigen, in deren Herzen Krankheit war: „Ihr Glaube hat diese da hochmütig gemacht." Wer aber auf Allah vertraut - siehe, Allah ist Erhaben, Allweise. Könntest du nur sehen, wie die Engel die Seelen der Ungläubigen hinwegnehmen, während sie ihnen Gesicht und Rücken schlagen und (sprechen): „Kostet die Strafe des Verbrennens!"*

Koran, Sure 8:67 *Einem Propheten geziemt es nicht, Gefangene zu (be-)halten, sofern er nicht heftig auf dieser Erde gekämpft hat. Ihr wollt die Güter dieser Welt, Allah aber will (für euch) das Jenseits. Und Allah ist Erhaben, Allweise. Wäre nicht schon eine Bestimmung von Allah dagewesen, so hätte euch gewiss eine schwere Strafe getroffen um dessentwillen, was ihr (euch) genommen hattet. So esst von dem, was ihr erbeutet habt, soweit es erlaubt und gut ist, und fürchtet Allah. Wahrlich, Allah ist Allvergebend, Barmherzig.*

I484 Mohammed verließ Mekka als Prediger und Prophet. Er kam mit rund 150 muslimischen Konvertiten nach Medina. Nach einem Jahr in Medina gab es dort etwa 250 bis 300 Muslime, und alle waren sie arm. Nach der Schlacht von Badr formierte sich ein neuer Islam. Mohammed ritt als Politiker und General aus Medina hinaus. Der Islam wurde zur bewaffneten politischen Kraft mit einer religiösen Motivation – dem Dschihad.

Der Koran verwendet für den Dschihad den Ausdruck "Kämpfen auf dem Weg Allahs".

Koran, Sure 2:190 *Und kämpft auf dem Weg Allahs [Dschihad] gegen diejenigen, die gegen euch kämpfen, doch übertretet nicht. Wahrlich, Allah liebt nicht diejenigen, die übertreten.*

Koran, Sure 2:191 *Und tötet sie, wo immer ihr auf sie stoßt, und vertreibt sie, von wo sie euch vertrieben haben [die Mekkaner schickten Mohammed weg]; denn die Verführung (zum Unglauben) ist schlimmer als Töten. Und kämpft nicht gegen sie bei der heiligen Moschee, bis sie dort gegen euch kämpfen. Wenn sie aber gegen euch kämpfen, dann tötet sie. Solcherart ist der Lohn der Ungläubigen. Wenn sie aber aufhören, so ist Allah Allverzeihend, Barmherzig.*

Koran, Sure 2:193 *Und kämpft gegen sie, bis es keine Verwirrung (mehr) gibt und die Religion Allah gehört. Wenn sie aber aufhören, so soll es keine Gewalttätigkeit geben außer gegen diejenigen, die Unrecht tun. Der heilige Monat ist für den heiligen Monat, und* *für die geschützten Dinge ist Wiedervergeltung (bestimmt). Wer nun gegen euch gewalttätig handelt, gegen den handelt in gleichem Maße gewalttätig, wie er gegen euch gewalttätig war, und fürchtet Allah und wisst, dass Allah mit den Gottesfürchtigen ist.*

Koran, Sure 2:195 *Und spendet auf dem Weg Allahs [Dschihad] und stürzt euch nicht mit eigenen Händen ins Verderben und tut Gutes! Wahrlich, Allah liebt diejenigen, die Gutes tun.*

Dschihad – Das Exil der Juden

Kapitel 10

61:11 Ihr sollt an Allah und an Seinen Gesandten glauben und sollt für Allahs Sache mit eurem Gut und eurem Blut eifrig eintreten. Das ist besser für euch, wenn ihr es nur wüsstet.

Der Vorfall mit den Juden von Qaynuqa

I545 Es gab in Medina drei jüdische Stämme. Die Beni Qaynuqa waren Goldschmiede und lebten in eigenen befestigten Vierteln. Mohammed behauptete, dass sie das Abkommen brachen, das sie eingingen, als er nach Medina kam. Auf welche Weise dies geschah, ist unklar.

I545 Mohammed versammelte die Juden auf ihrem Markt und sagte: „Oh Juden, gebt Acht, dass Allah euch nicht mit seiner Rache schlägt, so wie es mit den Quraisch geschah. Werdet Muslime. Ihr wisst, dass ich der Prophet bin, der zu euch gesandt ist. Ihr findet es in euren Schriften."

I545 Sie antworteten: „Oh Mohammed, du scheinst zu glauben, dass wir dein Volk sind. Halte dich nicht selbst zum Narren. Du hast vielleicht ein paar Kaufleute der Quraisch getötet und besiegt, aber wir sind Krieger und richtige Männer."

I545 Die Antwort des Korans:

> **Koran, Sure 3:12** *Sprich zu denen, die ungläubig sind: „Bald schon werdet ihr besiegt sein und in Gahannam versammelt werden - was für eine schlechte Ruhestätte!" Es war euch ein Zeichen zuteil geworden in den beiden Scharen, die aufeinandertrafen [bei der Schlacht von Badr besiegten 300 Muslime 1000 Mekkaner]: Die*

eine Schar kämpfte auf dem Weg Allahs, die andere war ungläubig. Sie sahen mit eigenen Augen (ihre Gegner) doppelt (so zahlreich). Und Allah stärkt mit Seinem Beistand, wen Er will. Wahrlich, darin liegt eine Lehre für die, die Einsicht haben.

I546 Einige Zeit später belagerte Mohammed die Juden in ihren Vierteln. Keiner der anderen beiden jüdischen Stämme kam ihnen zu Hilfe. Schließlich ergaben sich die Juden und erwarteten, nach ihrer Gefangennahme niedergemetzelt zu werden.

I546 Doch ein arabischer Verbündeter, der zu ihnen in geschäftlicher Verbindung stand, trat an Mohammed heran und sagte: „Oh Mohammed, gehe freundlich mit meinen Kunden um." Mohammed ignorierte ihn. Der Verbündete wiederholte sein Anliegen, und wieder ignorierte Mohammed ihn. Der Verbündete ergriff Mohammed bei seinem Gewandt und erzürnte ihn, so dass er zu ihm sagte: „Lass mich in Ruhe!" Der Verbündete sagte: „Nein, du musst freundlich mit meinen Kunden umgehen. Sie haben mich beschützt, und nun willst du sie alle töten? Ich fürchte derartige Veränderungen."

Hier die Antwort des Korans:

Koran, Sure 5:51 *O ihr, die ihr glaubt! Nehmt nicht die Juden und die Christen zu Beschützern. Sie sind einander Beschützer. Und wer sie von euch zu Beschützern nimmt, der gehört wahrlich zu ihnen. Wahrlich, Allah weist nicht dem Volk der Ungerechten den Weg.*

Koran, Sure 5:52 *Und du wirst jene sehen, deren Herzen von Krankheit befallen sind, (und die) zu ihnen hineilen; sie sagen: „Wir fürchten, es könnte uns ein Unglück befallen." Möge Allah den Sieg oder sonst ein Ereignis herbeiführen. Dann werden sie bereuen, was sie in ihren Herzen verbargen.*

Koran, Sure 5:53 *Und die Gläubigen werden sagen: „Sind das etwa jene, die mit ihren feierlichsten Eiden bei Allah schworen, dass sie unverbrüchlich zu euch stünden?" Eitel sind ihre Werke, und sie* *sind zu Verlierern geworden. O ihr, die ihr glaubt, wer sich von euch von seinem Glauben abkehrt, wisst, Allah wird bald ein anderes Volk bringen, das Er liebt und das Ihn liebt, (das) demütig gegen die Gläubigen und hart gegen die Ungläubigen (ist); sie werden auf Allahs Weg kämpfen [Dschihad] und werden den Vorwurf des Tadelnden nicht fürchten. Das ist Allahs Huld; Er gewährt sie, wem Er will; denn Allah ist Allumfassend, Allwissend.*

Mohammed schickte die Juden ins Exil und bemächtigte sich all ihrer Reichtümer und Güter.

Der Überfall bei Al Qarada

I547 Mohammeds Triumph in Badr und der weiter andauernde Dschihad veranlasste die Quraisch, einen anderen Weg nach Syrien zu wählen. Die Muslime überraschten sie dennoch. Den Quraisch gelang es zwar zu fliehen, doch Mohammeds Männer konnten all ihre Karawanengüter stehlen, einschließlich dem Silber. Die gestohlenen Güter wurden zu Mohammed nach Medina gebracht.

Tötet alle Juden, die euch in die Hände fallen

I554 Der Apostel Allahs sagte: „Tötet alle Juden, die euch in die Hände fallen." Als er das hörte, fiel Muhayyisa über einen jüdischen Kaufmann her, der sein Handelsverbündeter war, und tötete ihn. Sein Bruder, der kein Muslim war, fragte ihn, wie er einen Mann töten könne, der sein Freund und Partner in zahlreichen Geschäftsbeziehungen war. Der Muslim sagte, wenn Mohammed ihn gebeten hätte, seinen Bruder zu töten, hätte er auch dies unverzüglich getan. Sein Bruder sagte: „Das heißt, wenn Mohammed dir befehlen würde, mir den Kopf abzuschneiden, würdest du es tun?" „Ja", lautete die Antwort. Daraufhin sagte der ältere Bruder: „Bei Allah, eine Religion, die so etwas bewirken kann, ist wunderbar." Und er beschloss an Ort und Stelle, Muslim zu werden.

Dschihad – Ein Rückschlag

Kapitel 11

4:14 Und wer Allah und Seinem Gesandten den Gehorsam versagt und Seine Schranken übertritt, den führt Er ins Feuer; darin muss er ewig bleiben; und ihm wird eine schmähliche Strafe zuteil.

Die Schlacht von Uhud

I555 Als sie wieder in Mekka waren, sagten die Verlierer der Schlacht bei Badr zu den anderen: „Männer von Quraisch, Mohammed hat eure besten Leute getötet. Gebt uns Geld, damit wir Rache nehmen können." Und so wurde Geld gesammelt und Männer wurden angeworben. Man stellte eine Armee zusammen.

I558 Danach schlugen die Mekkaner in der Nähe von Medina ihr Lager auf, bereit zum Krieg. Mohammed zog mit 1.000 Männern aus, um die Mekkaner am Fuß des Berges Uhud zu treffen.

Die Schlacht wandte sich zu Ungunsten Mohammeds, da die muslimischen Bogenschützen nicht auf sein Kommando hörten und beim Rückzug der Mekkaner losrannten, um sich die mekkanischen Güter zu sichern. Die Mekkaner gruppierten sich neu und siegten an diesem Tag.

Der Koran und die Schlacht von Uhud

Bei der Schlacht von Badr hatte Allah Engel gesandt, auf dass die zahlenmäßig unterlegenen Muslime triumphierten. Wie konnten sie also in Uhud versagen?

I593 Zwei der muslimischen Clans hatten ihre Zweifel hinsichtlich der Schlacht. Doch Allah war ihr Freund, und sie zweifelten nicht am Islam und zogen aufgrund ihres Glaubens an Allah und Mohammed weiter in die Schlacht.

Koran, Sure 3:121 *Und damals verließest du [Mohammed] deine Familie in der Frühe, um die Gläubigen in die Stellungen des Kampfes einzuweisen [Schlacht von Uhud]; und Allah ist Allhörend, Allwissend. Da verloren zwei Gruppen von euch beinahe den Mut, und Allah war beider Beschützer. Und auf Allah sollen sich die Gläubigen verlassen. Und wahrlich, Allah verhalf euch bei Badr zum Sieg, als ihr (zahlenmäßig) verächtlich wart; darum fürchtet Allah; vielleicht werdet ihr dankbar sein. Als du zu den Gläubigen sagtest: „Genügt es euch denn nicht, dass euer Herr euch mit dreitausend herniedergesandten Engeln hilft? Ja, wenn ihr geduldig und gottesfürchtig seid und sie sofort über euch kommen, wird euer Herr euch mit fünftausend Engeln in Kampfbereitschaft helfen."*

Koran, Sure 3:126 *Und dies machte Allah allein als frohe Botschaft für euch, und auf dass eure Herzen ruhig wären - denn der Sieg kommt nur von Allah, Dem Allmächtigen, Dem Allweisen, auf dass Er den Ungläubigen einen Teil (ihrer Macht) abschneide oder sie niederwerfe, so dass sie enttäuscht heimkehren. Von dir ist es gar nicht abhängig, ob Er Sich ihnen wieder verzeihend zuwendet oder ob Er sie straft; denn sie sind ja Frevler. Und Allahs ist, was in den Himmeln und was auf der Erde ist; Er verzeiht, wem Er will, und straft, wen Er will, und Allah ist Allverzeihend und Barmherzig.*

I595 Schuld an der Niederlage war, dass die Bogenschützen nicht an ihrem Platz verweilten. Als sie sahen, dass die Mekkaner von ihrem Lager abgeschnitten waren, rannten sie los, um sich die Kriegsbeute zu holen. Die Gier veranlasste sie zum Ungehorsam gegen Mohammed. Deshalb sollten sie Mohammed stets gehorchen, er spricht für den, der Herr ist über alle Dinge. Diejenigen, die seinen Anordnungen nicht Folge leisten, sollen um Vergebung bitten. Wenn sie erkennen, dass sie Fehler gemacht haben und diese bereuen, können sie trotzdem ihre Belohnung im Himmel empfangen.

I597 Der Grund, weshalb Allah die Mekkaner gewinnen ließ, war, dass er die Muslime prüfen wollte. Nun würden sie ihr wahres Selbst erkennen. Sind sie nur Schönwetterfreunde von Mohammed oder erkennen sie ihre Verfehlungen? Wenn sie Mohammed gehorchen, können sie zu wahren Muslimen werden. Ein wahrer Muslim verliert nie seine Moral, er gerät nie in Verzweiflung.

I596 Wenn du in der Schlacht verwundet wirst oder Verluste erleidest, vergiss nicht, dass auch die Kuffar gelitten haben.

> **Koran, Sure 3:140** *Wenn euch eine Härte getroffen hat [die Muslime verloren die Schlacht von Uhud], so hat eine Härte gleich schon andere Leute getroffen. Und diese Tage (des Sieges und der Niederlage) lassen Wir wechseln unter den Menschen, damit Allah die Gläubigen erkennt und Sich aus euch Märtyrer erwählt. Und Allah liebt die Ungerechten nicht. Und damit Allah die Gläubigen läutert und die Ungläubigen dahinschwinden lässt.*

I596 Die Muslime müssen erkennen, dass Allah sie durch Prüfungen reinigen wird, genau wie die, die sie gerade hatten. Diejenigen, die wahren Glaubens sind, werden nicht entmutigt.

> **Koran, Sure 3:142** *Oder meint ihr, in das Paradies einzugehen, ohne dass Allah diejenigen erkennt, die unter euch gekämpft haben [Dschihad], und (ohne) dass Er die Geduldigen erkennt? Und wahrlich, ihr wünschtet euch den Tod, bevor ihr ihm begegnetet. Nun sahet ihr ihn mit eigenen Augen. Und Mohammed ist nur ein Gesandter; schon vor ihm gingen die Gesandten dahin. Und ob er stirbt oder getötet wird - werdet ihr auf euren Fersen umkehren? Und wer auf seinen Fersen umkehrt - nimmer schadet er Allah etwas; aber Allah wird wahrlich die Dankbaren belohnen.*

> **Koran, Sure 3:145** *Keiner wird sterben ohne Allahs Erlaubnis; (denn dies geschieht) gemäß einer zeitlichen Vorherbestimmung. Und dem, der den Lohn der Welt begehrt, geben Wir davon, und*

dem, der den Lohn des Jenseits begehrt, geben Wir davon; wahrlich, Wir werden die Dankbaren belohnen.

I599 Glaubt nicht, der Dschihad wäre vorbei. Schon bald wird der Islam Schrecken über die Kuffar bringen.

> **Koran, Sure 3:149** *O ihr, die ihr glaubt, wenn ihr den Ungläubigen gehorcht, (dann bringen sie euch dazu) dass ihr auf euren Fersen kehrt macht, und ihr werdet die Verlierer sein. Doch Allah ist euer Beschützer, und Er ist der beste Helfer. Wir werden in die Herzen der Ungläubigen Schrecken werfen; deshalb, weil sie Allah Götter (zur Seite) setzten, wozu Er keine Ermächtnis niedersandte; und ihre Wohnstätte wird das Feuer sein, und schlimm ist die Herberge der Ungerechten!*

I599 Euer Gemetzel gegen die Kuffar verlief gut, und ihr wart im Begriff, sie vom Angesicht der Erde auszulöschen, Allah sei Dank. Dann jedoch wolltet ihr Mohammed nicht gehorchen.

> **Koran, Sure 3:152** *Und wahrlich, Allah hatte euch [Mohammed] gegenüber schon Sein Versprechen gehalten, als ihr sie mit Seiner Erlaubnis vernichtetet [bei der Schlacht von Badr], bis dass ihr verzagtet [die Muslime bei Uhud] und über die Sache strittet [die Muslime missachteten Befehle und traten aus der Reihe, um wegzulaufen und sich die herumliegende mekkanische Kriegsbeute anzueignen] und ungehorsam wurdet, nachdem Er euch hatte sehen lassen, was ihr wünschtet [die Kriegsbeute]. Einige von euch verlangten nach dieser Welt und andere verlangten nach dem Jenseits. Alsdann kehrte Er euch von ihnen (zur Flucht) ab, um euch zu prüfen; und wahrlich, jetzt hat Er euch vergeben. Denn Allah ist voller Huld gegen die Gläubigen.*

> **Koran, Sure 3:153** *Als ihr hinaufstiegt und auf niemanden achtetet [bei Uhud brachen die Muslime ab und flüchteten], während der*

Gesandte hinter euch her rief, da belohnte Er euch mit Kummer für Kummer, damit ihr nicht traurig sein solltet über das euch Entgangene und über das, was ihr erlitten habt. Und Allah kennt das, was ihr tut.

1601 Nach der Schlacht waren manche erleichtert, andere jedoch befanden sich im Zustand der Angst, da sie Allah nicht vertrauten. Die Heuchler drückten sich vor der Entscheidung und machten andere für das Scheitern verantwortlich. Wenn es nach ihnen gegangen wäre, würden alle in Sicherheit sein.

> **Koran, Sure 3:154** *Alsdann sandte Er auf euch nach dem Kummer Sicherheit (in der Art von) Schläfrigkeit nieder. Müdigkeit überkam eine Gruppe von euch; eine andere Gruppe war aber sorgenvoll mit sich selbst beschäftigt; ungerecht denken sie über Allah in heidnischem Denken. Sie sagten: „Haben wir irgendetwas von der Sache?" Sprich: „Seht, die ganze Sache ist Allahs." Sie verbargen in ihren Seelen, was sie dir nicht kundtaten, indem sie sagten: „Hätten wir etwas von der Sache gehabt, lägen wir hier nicht erschlagen!" Sprich: „Wäret ihr auch in euren Häusern gewesen, wahrlich, jene wären hinausgezogen, denen der Tod bei ihren Ruhestätten vorgezeichnet war - und (es geschah) damit Allah prüfe, was in eurem Innern war, und erforsche, was in euren Herzen war. Und Allah kennt das Innerste (der Menschen)." Wahrlich, diejenigen von euch, welche am Tage des Zusammenstoßes der beiden Scharen (Allah) den Rücken kehrten - nur Satan verleitete sie zum Straucheln für etwas von ihrem Tun. Aber wahrlich, nunmehr hat Allah ihnen vergeben; seht, Allah ist Allverzeihend und Milde.*

Diejenigen, die im Dschihad sterben, werden von Allah belohnt werden.

> **Koran, Sure 3:156** *O ihr, die ihr glaubt, seid nicht gleich den Ungläubigen, die da sprechen von ihren Brüdern, als sie das Land durchwanderten oder Streiter waren: „Wären sie bei uns geblieben, wären sie nicht gestorben und nicht erschlagen worden." Allah*

bestimmte dies als Kummer für ihre Herzen. Und Allah macht lebendig und lässt sterben, und Allah durchschaut euer Tun.

Koran, Sure 3:157 *Und wahrlich, wenn ihr auf dem Weg Allahs erschlagen werdet oder sterbt, wahrlich, Allahs Vergebung und Barmherzigkeit ist besser als das, was ihr zusammenscharrt. Und wenn ihr sterbt oder erschlagen werdet, werdet ihr vor Allah versammelt.*

1603 Die Niederlage der Muslime war eine Prüfung und die Folge ihrer eigenen Entscheidungen.

Koran, Sure 3:165 *Und als euch ein Unglück traf [Schlacht von Uhud], obwohl ihr (euren Gegnern) bereits ein doppelt so schlimmes zugefügt hattet, spracht ihr da etwa: „Woher (kommt) dies?" Sprich: „Es kommt von euch selber." Siehe, Allah hat Macht über alle Dinge. Und was euch am Tage des Zusammenstoßes der beiden Scharen traf, das geschah mit Allahs Erlaubnis, und damit Er die Gläubigen erkennt und (damit) Er die Heuchler erkennt, zu denen gesprochen wurde: „Heran! Kämpft auf Allahs Weg [Dschihad] oder wehrt ab!" Sie aber sagten: „Wenn wir zu kämpfen gewusst hätten, wahrlich, wir wären euch gefolgt!"*

Koran, Sure 3:168 *(Das sind) diejenigen, die zu ihren Brüdern sagten, während sie daheim blieben: „Hätten sie uns gehorcht, wären sie nicht erschlagen worden." Sprich: „So wehrt von euch den Tod ab, wenn ihr wahrhaftig seid."*

Koran, Sure 3:169 *Und betrachte nicht diejenigen, die auf Allahs Weg gefallen sind [Dschihad], als tot. Nein! Sie leben bei ihrem Herrn, und sie werden dort versorgt. Sie freuen sich über das, was Allah ihnen von Seiner Huld gab, und von Freude erfüllt (sind sie) über diejenigen, die ihnen noch nicht gefolgt sind, so dass keine Furcht über sie kommen wird und sie nicht trauern werden. Von*

Freude erfüllt (sind sie) über die Gnade von Allah und über Seine Huld und darüber, dass Allah den Lohn der Gläubigen nicht verlorengehen lässt.

Koran, Sure 3:172 *Diejenigen, die da auf Allah und den Gesandten hörten, nachdem sie eine Niederlage [Schlacht von Uhud] erlitten hatten: Für diejenigen von ihnen, welche Gutes taten und gottesfürchtig waren, ist großer Lohn. Diejenigen, zu denen die Leute sagten: „Seht, die Leute haben sich bereits gegen euch geschart; fürchtet sie darum!" - nur stärker wurden sie im Glauben und sagten: „Uns genügt Allah, und Er ist der beste Sachwalter!" Daher kehrten sie mit Allahs Gnade und Huld zurück, ohne dass sie ein Übel getroffen hätte, und sie folgten dem Wohlgefallen Allahs; und Allah ist voll großer Huld.*

1606 Der Erfolg der Kuffar ist nur ein vorübergehender. Das Übel, das von ihnen ausgeht, wird zunehmen und sie werden dafür bestraft werden. Allah wird die Gläubigen nicht in diesem Zustand verweilen lassen. Diese Prüfung jedoch wird die Schwachen von den Starken trennen. Die Wohlhabenden sollen ihren Besitz für Allahs Sache ausgeben.

Koran, Sure 3:175 *Es ist wahrlich Satan, der Seine Helfer [die Anführer der Mekkaner] fürchten lassen will; fürchtet sie aber nicht, sondern fürchtet Mich, wenn ihr gläubig seid. Und lass dich nicht von jenen betrüben, die energisch dem Unglauben nacheilen; siehe, nimmer können sie Allah etwas zuleide tun. Allah will ihnen keinen Anteil am Jenseits geben, und für sie ist eine große Strafe (bestimmt). Wahrlich, wer den Glauben für den Unglauben verkauft - nimmer vermögen sie, Allah etwas zuleide zu tun, und für sie ist eine schmerzliche Strafe (bereitet).*

Koran, Sure 3:178 *Und die Ungläubigen sollen nicht wähnen, dass das, was Wir ihnen an Frist gewähren, für sie gut sei; Wir geben ihnen nur langes Leben, so dass sie in Sünde wachsen. Und für sie ist eine schändende Strafe (bestimmt).*

Attentate als Dschihad

Nach der Schlacht von Uhud verbündeten sich mehrere arabische Stämme unter der Führung von Sufyan Ibn Khalid. Mohammed sandte einen Attentäter aus, um ihn zu töten, da ohne seine Führerschaft die Koalition auseinanderbrechen würde. Also tötete der Attentäter Sufyan, trennte ihm den Kopf ab und brachte ihn zurück nach Medina.

Abdullah beschenkte Mohammed mit dem Kopf seines Feindes. Mohammed war zufrieden und schenkte ihm seinen Spazierstock. Er sagte: „Dies ist ein Zeichen zwischen dir und mir am Tage der Auferstehung. Nur Wenige werden so etwas haben, auf das sie sich stützen können." Abdullah befestigte den Stock an der Scheide seines Schwerts.

Dschihad – Die Juden unterwerfen sich

Kapitel 12

58:20 Wahrlich, jene, die sich Allah und Seinem Gesandten widersetzen, werden unter den Gedemütigten sein. Allah hat es vorgeschrieben: Sicherlich werde Ich siegen, Ich und Meine Gesandten. Wahrlich, Allah ist Allmächtig, Erhaben.

Säuberung

I653 Mohammed griff in Medina den zweiten der drei jüdischen Stämme an. Er stellte seine Armee auf und zog los, um ihre Festungen zu belagern. Jene Juden bauten die feinsten Datteln in ganz Arabien an. Nun mussten sie zusehen, wie Mohammed ihre Dattelpalmen fällte und verbrannte. Er wurde beschuldigt, gegen den arabischen Kriegskodex verstoßen zu haben.

I653 Der verbleibende jüdische Stamm hatte versprochen, zu ihrer Verteidigung zu kommen. Kein Jude aber wollte dem anderen gegen den Islam beistehen. Ohne Hilfe von ihren Brüdern zu empfangen, schlossen die belagerten Juden ein Abkommen mit dem Apostel Allahs. Sie wurden ihrer Güter beraubt und ins Exil geschickt.

I654 Es kam zu einigen neuen Problemen – dem Verbrennen der Dattelpalmen.

Der Koran lieferte die Antworten.

> **Koran, Sure 59:2** *Er ist es, Der diejenigen vom Volk der Schrift [die Juden], die ungläubig waren, aus ihren Heimstätten zur ersten Versammlung austrieb. Ihr glaubtet nicht, dass sie hinausziehen würden, und sie dachten, dass ihre Burgen sie gegen Allah schützen würden. Doch Allah kam von (dort) über sie, woher sie es nicht*

erwarteten, und warf Schrecken in ihre Herzen, so dass sie ihre Häuser mit ihren eigenen Händen und den Händen der Gläubigen zerstörten. So zieht eine Lehre daraus, o die ihr Einsicht habt!

Koran, Sure 59:3 *Und wäre es nicht gewesen, dass Allah für sie die Verbannung angeordnet hätte, hätte Er sie sicher in (dieser) Welt bestraft; und im Jenseits wird ihnen die Strafe des Feuers zuteil sein. Dies (geschieht), weil sie sich Allah und Seinem Gesandten widersetzten; und wer sich Allah widersetzt - wahrlich, dann ist Allah streng im Strafen.*

Koran, Sure 59:5 *Was ihr an Palmen umgehauen habt oder auf Wurzeln stehen ließet – es geschah mit Allahs Erlaubnis und (deswegen) damit Er die Übertreter [die Juden] in Schmach stürzen ließ. Und was Allah Seinem Gesandten als Beute von ihnen gegeben hat - ihr brauchtet weder Pferde noch Kamele dazu aufzubieten; aber Allah gibt Seinen Gesandten Gewalt über wen Er will; und Allah hat Macht über alle Dinge.*

Die Grabenschlacht

I669 Die Mekkaner stellten eine Armee auf und machten sich auf, um Mohammed anzugreifen. Da Mohammed in Mekka viele Spione hatte, dauerte es nicht lange, bis er von dem bevorstehenden Kampf erfuhr und einen Schutzgraben errichtete.

I677 Der Schutz durch den Graben entmutigte die Mekkaner. Es herrschte schlechtes Wetter, und die Verbündeten trauten einander nicht über den Weg. Was die eigentliche Schlacht betraf, so wurden während der zwanzigtägigen Belagerung nur eine Handvoll Männer getötet. Die Mekkaner brachen ihre Zelte ab und gingen zurück nach Hause. Es war ein Triumph für Mohammed.

Koran, Sure 33:9 *O ihr, die ihr glaubt! Gedenkt der Gnade Allahs gegen euch, als Heerscharen gegen euch heranrückten [bei der Grabenschlacht]; und Wir sandten gegen sie einen Wind [die*

Mekkaner und ihre Verbündeten, die Konföderierten, belagerten Medina] und Heerscharen, die ihr nicht gesehen hattet. Und Allah sieht, was ihr tut. [Die dürftige Planung der Konföderierten, die dürftige Führung und das schlechte Wetter ließen sie scheitern]

Koran, Sure 33:10 *Als sie von oben und von unten her über euch kamen, und als die Augen rollten und die Herzen in die Kehle stiegen und ihr verschiedene Gedanken über Allah hegtet: damals wurden die Gläubigen geprüft, und sie wurden in heftigem Maße erschüttert. Und da sagten die Heuchler und die, in deren Herzen Krankheit war: „Allah und Sein Gesandter haben uns nur Trug verheißen." Und alsdann sagte eine Gruppe von ihnen: „O ihr Leute von Yatrib, ihr könnt (ihnen) nicht standhalten, darum kehrt zurück." Und ein Teil von ihnen bat den Propheten um Erlaubnis und sagte: „Unsere Wohnungen sind schutzlos." Und sie waren nicht schutzlos. Sie wollten eben nur fliehen.*

Koran, Sure 33:14 *Und wenn der Zutritt gegen sie von allen Seiten her erzwungen würde, und wenn sie dann aufgefordert würden, (vom Islam) abzufallen, wären sie darauf eingegangen und hätten dabei wenig gezögert. Und sie hatten doch in Wahrheit zuvor mit Allah den Bund geschlossen, dass sie nicht den Rücken zur Flucht wenden würden. Und über den Bund mit Allah muss Rechenschaft abgelegt werden. Sprich: „Die Flucht wird euch nimmermehr nützen, wenn ihr dem Tod oder der Niedermetzelung entflieht; denn (am kurzen überleben) werdet ihr nur wenig Freude haben." Sprich: „Wer ist es, der euch vor Allah schützen kann, wenn Er vorhat, über euch ein Übel zu verhängen, oder wenn Er vorhat, euch Barmherzigkeit zu erweisen? Und sie werden für sich außer Allah weder Beschützer noch Helfer finden.*

Die Lösung für die Juden

1684 Nach der Schlacht belagerte Mohammed den letzten Stamm der Juden 25 Tage lang. Schließlich boten die Juden an, ihr Schicksal in die Hände eines Muslims namens Saad zu legen, der früher ihr Verbündeter gewesen war. Sein Urteil war simpel: Tötet alle Männer. Nehmt euch ihren Besitz und nehmt die Frauen und Kinder als Gefangene. Mohammed sagte: „Du hast Allahs Urteil gesprochen."

1690 Die Gefangenen wurden nach Medina gebracht. Sie hoben Gräben auf dem Marktplatz von Medina aus. Es war ein langer Tag, an dem 800 Juden ihren Tod fanden. Mohammed und seine 12-jährige Ehefrau saßen da und sahen den ganzen Tag lang zu, bis in die Nacht hinein. Der Apostel Allahs ließ jeden männlichen Juden töten.

1693 Mohammed nahm den Besitz sowie die Frauen und Kinder der Juden und teilte alles unter den Muslimen auf. Mohammed nahm ein Fünftel der Sklaven und schickte einen Muslim mit den weiblichen Sklaven in eine nahegelegene Stadt, wo die Frauen als Vergnügungsobjekte verkauft wurden. Das Geld vom Verkauf der weiblichen Sklaven gab Mohammed für Pferde und Waffen aus.

1693 Es blieb noch ein letzter Teil der Kriegsbeute für Mohammed. Die schönste Jüdin wurde zu seiner Lustsklavin.

1696 Bei der Grabenschlacht war es Allah, der den Tag für sich entschied. Allah ist es, der dem Muslim Stärke und Willenskraft schenkt. Egal was die Kuffar tun – Allah wird triumphieren.

> **Koran, Sure 33:25** *Und Allah schlug die Ungläubigen in ihrem Grimm zurück; sie erlangten keinen Vorteil. Und Allah ersparte den Gläubigen den Kampf. Und Allah ist Allmächtig, Erhaben. Und Er brachte die aus dem Volk der Schrift [den Juden], die ihnen halfen, von ihren Burgen herunter und warf Schrecken in ihre Herzen. Einen Teil tötetet ihr, und einen Teil nahmt ihr gefangen. Und Er ließ euch ihr Land erben und ihre Häuser und ihr Vermögen*

und ein Land, in das ihr nie den Fuß gesetzt hattet. Und Allah hat Macht über alle Dinge. [800 männliche Juden wurden hingerichtet, man nahm sich ihr Eigentum und machte die Frauen und Kinder zu Sklaven]

Die letzten Worte des Korans über die Juden:

Koran, Sure 5:12 *Wahrlich, Allah hatte einen Bund mit den Kindern Israels geschlossen; und Wir erweckten aus ihnen zwölf Führer. Und Allah sprach: „Seht, Ich bin mit euch, wenn ihr das Gebet verrichtet und die Zakah entrichtet und an Meine Gesandten glaubt und sie unterstützt und Allah ein gutes Darlehen gebt, dann werde Ich eure Missetaten tilgen und euch in Gärten führen, in denen Bäche fließen. Wer von euch aber hierauf in den Unglauben zurückfällt, der ist vom rechten Weg abgeirrt."*

Koran, Sure 5:13 *Deshalb, weil sie [die Juden] ihren Bund brachen, haben Wir sie verflucht und haben ihre Herzen verhärtet. Sie entstellten die Schrift an ihren richtigen Stellen [Im Islam wird behauptet, die Juden hätten alle Stellen, die sich aufs Mohammeds Kommen beziehen, aus ihrer Schrift getilgt] und sie haben einen Teil von dem vergessen, woran sie gemahnt wurden. Und du wirst nicht aufhören, auf ihrer Seite - bis auf einige von ihnen - Verrat zu entdecken. Also vergib ihnen und wende dich (von ihnen) ab. Wahrlich, Allah liebt jene, die Gutes tun.*

Mohammeds Familienleben

Kapitel 13

48:13 Und jene, die nicht an Allah und Seinen Gesandten glauben - für die Ungläubigen haben Wir ein flammendes Feuer bereitet.

Mohammed hatte viele Frauen. Der Koran geht detailliert auf seine Liebesbeziehungen ein.

Die Lüge

Mohammed und seine Krieger machten sich wiederholt auf, um jene anzugreifen, die sich dem Islam widersetzten. Bei einem Feldzug griffen sie den Stamm der Mustaliq an, um für Allahs Sache zu kämpfen. Dazu nahm Mohammed auch Aisha mit.

I731 Als das Zelt abgebrochen war und die diensthabenden Männer das Kamel mit der Sänfte beluden, zogen sie ohne Aisha davon. Als sie zurückkam, war die ganze Gruppe schon weitergezogen. Ein junger Muslim, der hinter der Karawane zurückgefallen war, brachte sie auf einem Kamel, das er führte, zurück nach Medina.

I732 Die Zungen begannen zu plappern, die Fantasie machte Überstunden, und Klatsch und Tratsch machten die Runde. Die Gemüter erhitzten sich, und Männer erboten sich, die Klatschmäuler zu töten. Am Ende ergab sich Aishas Schuld oder Unschuld aus den Koranversen, die bis heute als Scharia gelten.

> **Koran, Sure 24:1** *(Dies ist) eine Sura [ein Kapitel], die Wir hinabsandten und die Wir zum Gesetz erhoben, und worin Wir deutliche Zeichen offenbarten, auf das ihr ermahnt sein mögt. Peitscht die Unzüchtige und den Unzüchtigen gegebenenfalls jeweils mit*

hundert Peitschenhieben aus; und lasst euch angesichts dieser Vorschrift Allahs nicht von Mitleid mit den beiden ergreifen, wenn ihr an Allah und an den Jüngsten Tag glaubt. Und eine Anzahl der Gläubigen soll ihrer Pein beiwohnen. Ein Unzüchtiger darf nur eine Unzüchtige oder eine Götzendienerin heiraten, und eine Unzüchtige darf nur einen Unzüchtigen oder einen Götzendiener heiraten; den Gläubigen aber ist das verwehrt.

Koran, Sure 24:4 *Und denjenigen, die ehrbaren Frauen (Unkeuschheit) vorwerfen, jedoch nicht vier Zeugen (dafür) beibringen, verabreicht achtzig Peitschenhiebe. Und lasst ihre Zeugenaussage niemals gelten; denn sie sind es, die Frevler sind; außer jenen, die es hernach bereuen und sich bessern; denn wahrlich, Allah ist Allvergebend, Barmherzig.*

Koran, Sure 24:6 *Und (was) jene (betrifft), die ihren Gattinnen (Ehebruch) vorwerfen und keine Zeugen (dafür) außer sich selber haben - von solchen Leuten soll die Aussage des Mannes allein (genügen), wenn er viermal bei Allah schwört, dass er die Wahrheit rede; und (sein) fünfter (Eid) soll sein, dass der Fluch Allahs auf ihm lasten möge, falls er ein Lügner sei. Von ihr aber soll die Strafe abgewendet werden, wenn sie viermal den Schwur bei Allah leistet, dass er ein Lügner sei.*

Koran, Sure 24:10 *Wäre nicht Allahs Huld und Seine Barmherzigkeit über euch und wäre Allah nicht Vielvergebend, Allweise, (wäret ihr verloren gewesen).*

Koran, Sure 24:11 *Diejenigen, welche die große Lüge vorbrachten, bilden eine Gruppe von euch. [Während eines bewaffneten Raubüberfalls verbrachte Aisha – Mohammeds Lieblingsfrau, seit er sie als sechsjähriges Mädchen geheiratet hatte – versehentlich einen Tag allein mit einem jungen Dschihadisten. Das Gerede darüber, was dabei geschehen sein könnte, beschäftigte die Muslime sehr]*

Glaubt nicht, dies sei übel für euch [Aisha wurde infolge einer Offenbarung im Koran von jedem Verdacht der sexuellen Untreue freigesprochen]; im Gegenteil, es gereicht euch zum Guten. Jedem von ihnen soll die Sünde, die er begangen hat, (vergolten werden); und der von ihnen, der den Hauptanteil daran verschuldete, soll eine schwere Strafe erleiden.

Koran, Sure 24:12 *Warum dachten die gläubigen Männer und die gläubigen Frauen, als ihr es hörtet, nichts Gutes von ihren eigenen Leuten und sagten: „Das ist eine offenkundige Lüge."? Warum brachten sie dafür nicht vier Zeugen bei? Da sie keine Zeugen beigebracht haben, sind sie es also, die vor Allah die Lügner sind.*

Koran, Sure 24:14 *Wäre nicht Allahs Huld und Seine Barmherzigkeit im Diesseits und im Jenseits über euch, hätte euch für das, worauf ihr euch einließt, eine schwere Strafe getroffen. Als ihr [die Muslime] es mit euren Zungen übernahmt und ihr mit eurem Mund das aussprecht, wovon ihr keine Kenntnis hattet, da hieltet ihr es für eine geringe Sache, während es vor Allah eine große war. Und warum sagtet ihr nicht, als ihr es hörtet: „Es kommt uns nicht zu, darüber zu reden. Gepriesen bist Du! Dies ist eine arge Verleumdung."? Allah ermahnt euch, nie wieder dergleichen zu begehen, wenn ihr Gläubige seid. Und Allah erklärt euch die Gebote; denn Allah ist Allwissend, Allweise. Wahrlich, jenen, die wünschen, dass sich Unzucht unter den Gläubigen verbreite, wird im Diesseits und im Jenseits eine schmerzliche Strafe zuteil sein. Und Allah weiß, und ihr wisst nicht.*

Da es keine vier Zeugen gab, handelte es sich auch nicht um Unzucht, und die Klatschmäuler erhielten 80 Peitschenhiebe.

Koran, Sure 33:50 *O Prophet, Wir erlaubten dir deine Gattinnen, denen du ihre Brautgabe gegeben hast, und jene, die du von Rechts wegen aus (der Zahl) derer besitzt, die Allah dir als Kriegsbeute* *gegeben hat, und die Töchter deines Vaterbruders und die Töchter deiner Vaterschwestern und die Töchter deines Mutterbruders und die Töchter deiner Mutterschwestern, die mit dir ausgewandert sind, und jedwede gläubige Frau, die sich dem Propheten schenkt, vorausgesetzt, dass der Prophet sie zu heiraten wünscht; (dies gilt) nur für dich und nicht für die Gläubigen. Wir haben bereits bekanntgegeben, was Wir ihnen bezüglich ihrer Frauen und jener, die sie von Rechts wegen besitzen, verordnet haben, so dass sich (daraus) keine Verlegenheit für dich ergibt. Und Allah ist Allverzeihend, Barmherzig.*

Koran, Sure 33:51 *Du darfst die von ihnen entlassen, die du (zu entlassen) wünschst, und du darfst die behalten, die du (zu behalten) wünschst; und wenn du eine, die du entlassen hast, wieder aufnehmen willst, dann trifft dich kein Vorwurf. Das ist dazu angetan, dass ihre Blicke Zufriedenheit ausstrahlen und sie sich nicht grämen und sie alle zufrieden sein mögen mit dem, was du ihnen zu geben hast. Und Allah weiß, was in euren Herzen ist; denn Allah ist Allwissend, Nachsichtig.*

Koran, Sure 33:52 *Es ist dir nicht erlaubt, künftig (andere) Frauen (zu heiraten), noch sie gegen (andere) Frauen einzutauschen, auch wenn ihre Schönheit dir gefällt; (davon sind) nur die ausgenommen, die du von Rechts wegen besitzt [Mohammed besaß neun Frauen und mehrere Sklavenmädchen]. Und Allah wacht über alle Dinge.*

Maria, die koptische Lustsklavin

Mohammed wurden zwei koptische (ägyptisch-christliche) Sklavinnen übergeben. Die eine gab er einem anderen Muslim, doch Maria – die mit der hellen Haut und den lockigen Haaren – behielt er. Er nahm sie nicht in seinen Harem auf, sondern brachte sie in einer Wohnung in einem anderen Teil von Medina unter. Maria gab ihm in sexueller Hinsicht etwas, das keine seiner Frauen ihm geben konnte – sie schenkte ihm einen Sohn namens Ibrahim. Mohammed liebte ihn abgöttisch.

Der Harem reagierte eifersüchtig. Mohammeds Frauen verbündeten sich gegen Maria, und Zorn und Kälte machten sich im Hause breit. Mohammed zog sich zurück und schwor, seine Frauen einen Monat lang nicht zu besuchen und stattdessen bei Maria zu leben.

Der Koran:

> **Koran, Sure 66:1** *O Prophet! Warum verbietest du das, was Allah dir erlaubt hat, um nach der Zufriedenheit deiner Frauen zu trachten? [Mohammed hatte eine koptische (ägyptisch-christliche) Sklavin namens Maria liebgewonnen. Hafsa fand die beiden zusammen in ihrem Zimmer – eine Verletzung von Hafsas Rechten. Mohammed erklärte der eifersüchtigen Hafsa, er werde die Beziehungen zu Maria abbrechen, tat es dann aber nicht. Hafsa jedoch sollte über diese Angelegenheit schweigen] Und Allah ist Allvergebend, Barmherzig. Wahrlich, Allah hat für euch die Lösung eurer Eide angeordnet, und Allah ist euer Beschützer; und Er ist der Allwissende, der Allweise.*

> **Koran, Sure 66:3** *Und als der Prophet sich zu einer seiner Frauen im Vertrauen geäußert hatte und sie es dann kundtat [Hafsa hatte Mohammeds Lieblingsfrau Aisha eingeweiht, und der ganze Harem reagierte mit Eifersucht] und Allah ihm davon Kenntnis gab, da ließ er (sie) einen Teil davon wissen und verschwieg einen Teil. Und als er es ihr [Hafsa] vorhielt, da sagte sie: „Wer hat dich davon unterrichtet?" Er sagte: „Unterrichtet hat mich der Allwissende, der Allkundige."*

> **Koran, Sure 66:4** *Wenn ihr beide [Hafsa und Aisha, Frauen des Propheten] euch Allah reumütig zuwendet, so sind eure Herzen bereits (dazu) geneigt. Doch wenn ihr euch gegenseitig gegen ihn*

unterstützt, wahrlich, dann ist Allah sein Beschützer; und Gabriel und die Rechtschaffenen unter den Gläubigen (sind ebenso seine Beschützer); und außerdem sind die Engel (seine) Helfer. Vielleicht wird sein Herr ihm, wenn er [Mohammed] sich von euch scheidet, an eurer Stelle bessere Frauen als euch geben, muslimische, gläubige, gehorsame, reuige, fromme, fastende (Frauen), Taiyibat und Jungfrauen.

Ibrahim wurde zu Mohammeds Liebling. Doch als das Kind fünfzehn Monate alt war, wurde es krank. Maria und ihre Sklavenschwester pflegten es während seiner Krankheit. Mohammed war bei seinem Tod anwesend und weinte bitterlich. Mohammed sollte erdulden, was unter Arabern als Schande gilt: keine männlichen Nachkommen zu haben, die seine Nachfolge antreten konnten.

Mohammed ehelicht seine Schwiegertochter

Mohammed hatte einen Adoptivsohn namens Zaid, zu deren Frau er sich hingezogen fühlte. Zaid ließ sich von ihr scheiden. In Arabien galt die Ehe eines Mannes mit seiner Schwiegertochter als Inzest und war verboten. Doch während Mohammed bei Aisha war, hatte er eine Offenbarung und sagte: „Wer wird zu Zeinab gehen und ihr die gute Nachricht überbringen, dass Allah unserer Ehe den Segen gegeben hat? So nahm Mohammed eine weitere Frau in seinen Harem auf.

Koran, Sure 33:4 *Allah hat keinem Manne zwei Herzen in seinem Inneren gegeben, noch hat Er jene unter euren Frauen, von denen ihr euch scheidet mit der Formel, sie seien euch verwehrt wie der Rücken eurer Mütter, zu euren (wirklichen) Müttern gemacht, noch hat Er eure angenommenen Söhne zu euren (wirklichen) Söhnen gemacht. [Vor der Entstehung dieses Verses wurden die Adoptivkinder eines Arabers wie seine eigenen Kinder behandelt] Das ist (nur) Gerede aus euren Mündern; Allah aber spricht die Wahrheit, und Er zeigt (euch) den Weg. Nennt sie (die angenommenen Söhne) nach ihren Vätern. Das ist gerechter vor Allah.*

> **Koran, Sure 33:36** *Und es ziemt sich nicht für einen gläubigen Mann oder eine gläubige Frau, dass sie - wenn Allah und Sein Gesandter eine Angelegenheit beschlossen haben - eine andere Wahl in ihrer Angelegenheit treffen. Und der, der Allah und Seinem Gesandten nicht gehorcht, geht wahrlich in offenkundiger Weise irre. Und da sagtest du zu dem, dem Allah Gnade erwiesen hatte und dem du Gnade erwiesen hattest [Zaid, der sich zum Islam bekehrte]: „Behalte deine Frau für dich und fürchte Allah." Und du verbargst das, was du in dir hegtest, das, was Allah ans Licht bringen wollte, und du fürchtetest die Menschen [was die Leute sagen würden, wenn er seine Schwiegertochter heiratete], während Allah es ist, Den du in Wirklichkeit fürchten sollst. Dann aber, als Zaid seine eheliche Beziehung mit ihr beendet hatte, verbanden Wir sie ehelich mit dir, damit die Gläubigen in Bezug auf die Frauen ihrer angenommenen Söhne nicht in Verlegenheit gebracht würden, wenn sie ihre ehelichen Beziehungen mit ihnen beendet hätten. Und Allahs Befehl muss vollzogen werden.*

Da Zaid adoptiert war, war er kein richtiger Sohn, also lag auch kein Inzest vor. Etwa um diese Zeit wurden Frauen zum Tragen eines Schleiers verpflichtet. Sie wurden zu Müttern der Gläubigen und konnten nach Mohammeds Tod nicht noch einmal heiraten.

> **Koran, Sure 33:55** *Es ist kein Vergehen von ihnen, (sich) ihren Vätern (zu zeigen) oder ihren Söhnen oder ihren Brüdern oder den Söhnen ihrer Brüder oder den Söhnen ihrer Schwestern oder ihren Frauen oder denen, die sie von Rechts wegen besitzen. Und fürchtet Allah; wahrlich, Allah ist Zeuge aller Dinge.*

Mohammeds letzter Dschihad

Kapitel 14

3:53 Unser Herr, wir glauben an das, was Du herabgesandt hast, und folgen dem Gesandten. Darum führe uns unter den Bezeugenden auf.

Chaibar

I756 Nach dem Vertrag von Al Hudaybiya blieb Mohammed etwa zwei Monate lang in Medina, ehe er seine Armee zusammenrief und zu den Festungen von Chaibar marschierte, einer Gemeinde von reichen jüdischen Bauern, die in einem aus getrennten Festungen bestehendem Dorf etwa 100 Meilen entfernt von Medina lebten.

I758 Mohammed eroberte eine Festung nach der anderen. Unter den Gefangenen war eine schöne Jüdin namens Safiya. Mohammed nahm sie sich zum sexuellen Vergnügen. Einer seiner Männer hatte sie zunächst als seine eigene Lustsklavin erwählt, doch Mohammed gab ihm zum Tausch für Safiya zwei ihrer Kusinen.

I759 Anlässlich dieser Geschehnisse stellte Mohammed in Chaibar neue Regeln zum Sex mit gefangenen Frauen auf.

I764 Mohammed wusste, dass irgendwo in Chaibar ein großer Schatz versteckt lag, also nahm er sich den Juden vor, von dem er glaubte, er wisse am meisten darüber, und ließ ihn foltern und dann enthaupten.

I764 In Chaibar setzte Mohammed die ersten **Dhimmis** ein. Ein Dhimmi hat keine Bürgerrechte und lebt unter dem Gesetz der Scharia. Nachdem man den Juden die besten Güter geraubt hatte, ließ Mohammed sie das Land bebauen. Sie gaben Mohammed die Hälfte ihrer Erträge als **Dschizya**, die Steuer für Dhimmis.

Die Wallfahrt

1789 Nach seiner Rückkehr aus Chaibar schickte Mohammed zahlreiche Überfallkommandos zu Raubzügen aus. Sieben Jahre nach seinem Auszug nach Medina und ein Jahr nach dem Vertrag von Hudaybiya führte Mohammed die Muslime zur Kaaba nach Mekka. Während seines Aufenthalts umrundete er die Kaaba und küsste jedesmal den schwarzen Eckstein. Auf diese Weise umrundete er die Kaaba dreimal.

1790 Nach seinem dreitägigen Aufenthalt in Mekka baten ihn die Quraisch, seinen Vertrag einzuhalten und abzureisen. Mohammed bat darum, bleiben zu dürfen; er wolle eine Hochzeit feiern, und die Quraisch seien auch eingeladen. Die Quraisch sagten: „Nein, bitte geh." Und er ging.

Der Überfall auf Muta

1791 Nach seiner Rückkehr aus Mekka schickte Mohammed eine Armee von 3.000 Männern nach Muta. Muta aber befand sich nördlich von Medina, in der Nähe von Syrien. Bei ihrer Ankunft fanden die Muslime eine gewaltige Armee von Byzantinern vor. Die Muslime wurden in Stücke geschnitten. Die Byzantiner waren große Krieger und zahlenmäßig überlegen.

Der Angriff auf Mekka

1803 Im Vertrag von Hudaybiya war festgelegt, dass die Mekkaner und Mohammed Bündnisse jeweils miteinander als auch mit anderen Stämmen schließen durften.

1811 Die Kämpfe zwischen einem mit den Mekkanern und einem mit Mohammed verbündeten Stamm führten dazu, dass Mohammed mit 10.000 Mann nach Mekka marschierte, um die Mekkaner zu bestrafen.

I819 Mohammed hatte seinen Anführern befohlen, nur diejenigen zu töten, die sich gegen Mohammed ausgesprochen hatten. Hier die Liste derer, die getötet wurden:

- Einer von Mohammeds Sekretären, der gesagt hatte, wenn er die Koranoffenbarungen an Mohammed niederschreibe, würde Mohammed ihn manchmal den Sprachstil verbessern lassen. Dadurch habe er seinen Glauben verloren, den Islam verlassen und sei somit zum Apostaten geworden.
- Zwei Sängerinnen, die satirische Lieder über Mohammed gesungen hatten.
- Ein muslimischer Steuereintreiber, der zum Apostaten geworden war.
- Ein Mann, der Mohammed beleidigt hatte.

Die Schlacht von Hunain

I840 Als Mohammed Mekka einnahm, begriffen die benachbarten arabischen Stämme, dass dieser Mann zum König Arabiens werden würde, wenn man nichts gegen ihn unternahm. Der arabische Stamm der Hawazin (Hunayn) beschloss, sich ihm unter der Führung von Malik entgegenzustellen.

I842 Er lieh sich Rüstungen und Lanzen von einem reichen Mekkaner, dann marschierte er mit 12.000 Männern los.

I845 Für die Muslime wurde es beinahe zu einem Tag der Niederlage.

> **Koran, Sure 9:25** *Wahrlich, Allah half euch schon an vielen Orten zum Sieg, und am Tage von Hunain, als eure große Zahl euch stolz machte [es waren dort 12.000 Muslime und 4.000 Kuffar] - doch sie nutzte euch nichts [die Muslime gerieten in Panik und flüchteten], und die Erde wurde euch in ihrer Weite eng – da wandtet ihr euch zur Flucht.*

> **Koran, Sure 9:26** *Dann sandte Allah Seinen Frieden auf Seinen Gesandten und auf die Gläubigen herab und sandte Heerscharen hernieder, die ihr nicht saht, und strafte jene, die ungläubig waren. Das ist der Lohn der Ungläubigen. Doch hernach kehrt Sich Allah gnädig dem zu, dem Er will; und Allah ist Allvergebend, Barmherzig.*

Der Angriff auf Tabuk

1894 Mohammed beschloss, die Byzantiner zu überfallen. Die Männer begannen sich zu rüsten, auf Grund der Hitze jedoch mangelte es ihnen an Begeisterung, es war Zeit für die Ernte, und sie erinnerten sich an ihre letzte Auseinandersetzung mit den Byzantinern – die hatten sie kläglich verloren.

Doch im Koran fand sich ein Kommentar:

> **Koran, Sure 9:45** *Nur die werden dich um Erlaubnis bitten (dem Kampf fernzubleiben), die nicht an Allah und an den Jüngsten Tag glauben und deren Herzen voller Zweifel sind; und in ihrem Zweifel schwanken sie. Wären sie aber zum Ausmarsch entschlossen gewesen, hätten sie sich doch gewiss für ihn gerüstet; doch Allah wollte ihren Abmarsch nicht. So hielt Er sie zurück, und es wurde gesagt: „Sitzt (daheim) bei den Sitzenden." Wären sie mit euch ausgezogen, hätten sie nur eure Sorgen vermehrt und wären in eurer Mitte hin- und hergelaufen und hätten Zwietracht unter euch erregt. Und unter euch sind manche, die auf sie gehört hätten, aber Allah kennt die Frevler wohl.*

1902 Die Männer kamen nach Tabuk. Dort stellte Mohammed die Christen vor die Wahl, eine Kopfsteuer, die Dschizya zu zahlen. Wer diese bezahlte, stand unter dem Schutz des Islam und würde von den Muslimen nicht angegriffen, getötet oder ausgeraubt werden.

Der ewige Dschihad

Nach all den Siegen sagten einige Muslime, die Tage des Kämpfens wären vorbei, und begannen sogar, ihre Waffen zu verkaufen. Mohammed jedoch verbot das und sagte: „Keine Gruppe von Leuten aus unserer Mitte soll jemals den Kampf um die Wahrheit einstellen, bis der Antichrist erscheint.“ Der Dschihad galt als Normalzustand. Tatsächlich wird der Weg dazu im Koran geebnet:

> **Koran, Sure 9:122** *Die Gläubigen dürfen nicht alle auf einmal ausziehen. Warum rückt dann nicht aus jeder Gruppe nur eine Abteilung aus, auf dass sie (die Zurückbleibenden) in Glaubensfragen wohl bewandert würden? Und nach ihrer Rückkehr könnten sie (die Zurückbleibenden) ihre (ausgezogenen) Leute belehren, damit sie sich in Acht nähmen.*

> **Koran, Sure 9:123** *O ihr, die ihr glaubt, kämpft gegen jene, die euch nahe sind unter den Ungläubigen, und lasst sie euch hart vorfinden; und wisst, dass Allah mit den Gottesfürchtigen ist.*

Sure 9, das letzte Kapitel des Korans, enthält den berüchtigten Schwertvers:

> **Koran, Sure 9:5** *Und wenn die heiligen Monate abgelaufen sind [nach alter arabischer Sitte gab es vier Monate, in denen keine Gewalt stattfinden sollte], dann tötet die Götzendiener, wo immer ihr sie findet, und ergreift sie und belagert sie und lauert ihnen aus jedem Hinterhalt auf. Wenn sie aber bereuen und das Gebet verrichten und die Zakah entrichten, dann gebt ihnen den Weg frei. Wahrlich, Allah ist Allvergebend, Barmherzig.*

I924 Danach wendet sich der Koran dem Angriff auf die Byzantiner bei Tabuk zu. Muslime müssen dem Ruf des Dschihad folgen. Es ist eine Verpflichtung. Wäre der byzantinische Überfall nur kurz gewesen und hätte leichte Kriegsbeute abgeworfen, hätten sich die Muslime bereitwillig beteiligt. Stattdessen flüchteten sie sich in Ausreden. Es ist die Pflicht eines jeden Muslims, sich in eigener Person oder mit seinem Geld am Kampf zu beteiligen.

Koran, Sure 9:38 *O ihr, die ihr glaubt, was ist mit euch, dass ihr euch schwer zur Erde sinken lasst, wenn euch gesagt wird: „Zieht aus auf Allahs Weg" [Dschihad]? Würdet ihr euch denn mit dem diesseitigen Leben statt mit jenem im Jenseits zufrieden geben? Doch der Genuss des irdischen Lebens ist gar gering, verglichen mit dem des Jenseits. Wenn ihr nicht auszieht, wird Er euch mit schmerzlicher Strafe bestrafen und wird an eurer Stelle ein anderes Volk erwählen, und ihr werdet Ihm gewiss keinen Schaden zufügen. Und Allah hat Macht über alle Dinge.*

Koran, Sure 9:40 *Wenn ihr ihm nicht helft, so (wisst, dass) Allah ihm damals half, als die Ungläubigen ihn [Mohammed] vertrieben haben, wie sie da beide [Mohammed und Abu Bakr] in der Höhle waren und er zu seinem Begleiter sagte: „Sei nicht traurig; denn Allah ist mit uns." Da ließ Allah Seinen Frieden auf ihn herab und stärkte ihn mit Heerscharen, die ihr nicht saht, und erniedrigte das Wort der Ungläubigen; und Allahs Wort allein ist das höchste. Und Allah ist Erhaben, Allweise. Zieht aus, leicht und schwer, und kämpft mit eurem Gut und mit eurem Blut für Allahs Sache [Dschihad]! Das ist besser für euch, wenn ihr es nur wüsstet!*

1926 Diejenigen, die sich dem Dschihad zu verweigern suchen, sind Heuchler. Der Prophet sollte gegen sie kämpfen. Sie sind der Hölle geweiht.

Koran, Sure 9:73 *O Prophet, kämpfe gegen die Ungläubigen und die Heuchler. Und sei streng mit ihnen. Ihre Herberge ist Gahannam, und schlimm ist das Ende.*

Zusammenfassung von Mohammeds bewaffneten Einsätzen

1973 Über den Zeitraum von neun Jahren beteiligte sich Mohammed persönlich an 27 Angriffen. Hinzu kamen 38 weitere Schlachten und Feldzüge. Das ergibt eine Gesamtsumme von 65 bewaffneten Einsätzen; Attentate und Hinrichtungen nicht mitgerechnet – im Schnitt also alle sechs Wochen eine gewalttätige Aktion. Als er starb, war keiner seiner Feinde mehr am Leben.

Christen und Juden

Kapitel 15

24:51 Doch die Rede der Gläubigen, wenn sie zu Allah und Seinem Gesandten gerufen werden, damit Er zwischen ihnen richten möge, ist nichts anderes als: „Wir hören und wir gehorchen."

Der Endzustand der Christen und Juden

Zunächst, als Mohammed in Mekka zu predigen begann, war seine Religion eine arabische gewesen. Dann wurde Allah mit Jehovah identifiziert, und jüdische Elemente wurden aufgenommen. Als Mohammed nach Medina zog, stritt er sich mit den Juden, als sie seinen Status als Prophet der judäischen Linie nicht anerkannten. Dann vernichtete er die Juden und stellte keine weiteren Zusammenhänge zwischen Islam und Judentum mehr her. Seine letzten Worte widmete Mohammed den Juden und Christen und erklärte sie mit diesen dauerhaft zu Dhimmis, zu Bürgern zweiter Klasse, welche die Dschizya bezahlen müssen und keinerlei politische Rechte haben. Nur solche Christen und Juden, die sich dem Islam unterwerfen, werden geschützt. Der Islam definiert, was Judentum und Christentum sind. Die wahren Christen sind diejenigen, die die Dreieinigkeit leugnen und Mohammed als letzten Propheten ihres Gottes anerkennen. Die wahren Juden sind diejenigen, die Mohammed als letzten Propheten ihres Gottes Jehovah anerkennen. Sowohl Christen als auch Juden müssen anerkennen, dass der Koran die wahre Schrift ist, während Altes und Neues Testament verfälscht und im Irrtum sind. Die Widersprüche zwischen Koran und Altem bzw. Neuem Testament sind Beweise für die Fälschungen der Kuffar.

Alle anderen Juden und Christen folgen einer falschen Religion und gelten als Kuffar.

Koran, Sure 9:29 *Kämpft gegen diejenigen, die nicht an Allah und an den Jüngsten Tag glauben, und die das nicht für verboten erklären, was Allah und Sein Gesandter für verboten erklärt haben, und die nicht dem wahren Glauben folgen - von denen, die die Schrift erhalten haben [Juden und Christen], bis sie eigenhändig den Tribut [Dschizya] in voller Unterwerfung entrichten.*

Die Christen haben ihre Prophezeiungen verborgen, in denen enthüllt wird, dass Mohammed kommen werde, um das Werk Christi zu vollenden. An die Göttlichkeit Christi zu glauben bedeutet eine Weigerung, sich dem Islam zu unterwerfen. Solche Christen sind Kuffar und Ungläubige. Genau wie bei den Juden gelten nur solche Christen als wahre Christen, die sich dem Islam unterwerfen und Dhimmis werden, die von der Scharia (dem islamischen Gesetz) regiert werden. Der Islam definiert sämtliche Religionen. Keine Religion definiert sich selbst, mit Ausnahme des Islam.

Koran, Sure 5:14 *Und auch mit denen, die sagen: „Wir sind Christen", schlossen Wir einen Bund; auch diese haben dann einen Teil von dem vergessen, woran sie gemahnt wurden. [Der Islam behauptet, die Christen hätten die Prophezeiungen Jesu, dass Mohammed der letzte Prophet sein werde, zurückgehalten] Darum erregten Wir Feindschaft und Hass unter ihnen bis zum Tage der Auferstehung. Und Allah wird sie wissen lassen, was sie getan haben.*

Koran, Sure 5:15 *O Leute der Schrift, Unser Gesandter ist nunmehr zu euch gekommen, um euch vieles zu enthüllen, was ihr von der Schrift geheim gehalten habt, und (er ist zu euch gekommen) um gegen vieles Nachsicht zu üben. Wahrlich, zu euch sind ein Licht von Allah und ein klares Buch gekommen. Damit leitet Allah jene, die Sein Wohlgefallen suchen, auf die Wege des Friedens, und Er führt sie mit Seiner Erlaubnis aus den Finsternissen zum Licht und führt sie auf einen geraden Weg.*

Koran, Sure 5:17 *Wahrlich, ungläubig sind diejenigen, die sagen: „Allah ist der Messias, der Sohn der Maria." Sprich: „Wer vermochte wohl etwas gegen Allah, wenn Er den Messias, den Sohn der Maria, seine Mutter und jene, die allesamt auf der Erde sind, vernichten will?" Allahs ist das Königreich der Himmel und der Erde und dessen, was zwischen beiden ist. Er erschafft, was Er will; und Allah hat Macht über alle Dinge.*

Koran, Sure 5:72 *Wahrlich, ungläubig sind diejenigen, die sagen: „Allah ist der Messias, der Sohn der Maria", während der Messias doch selbst gesagt hat: „O ihr Kinder Israels, betet zu Allah, meinem Herrn und eurem Herrn." Wer Allah Götter zur Seite stellt, dem hat Allah das Paradies verwehrt, und das Feuer wird seine Herberge sein. Und die Frevler sollen keine Helfer finden. Wahrlich, ungläubig sind diejenigen, die sagen: „Allah ist der Dritte von dreien [der Dreieinigkeit]"; und es ist kein Gott da außer einem Einzigen Gott. Und wenn sie nicht von dem, was sie sagen, Abstand nehmen, wahrlich, so wird diejenigen unter ihnen, die ungläubig bleiben, eine schmerzliche Strafe ereilen. Wollen sie sich denn nicht reumütig Allah wieder zuwenden und Ihn um Verzeihung bitten? Und Allah ist Allverzeihend, Barmherzig.*

Koran, Sure 5:75 *Der Messias, der Sohn der Maria, war nur ein Gesandter; gewiss, andere Gesandte sind vor ihm dahingegangen. Und seine Mutter war eine Wahrhaftige; beide pflegten Speise zu sich zu nehmen. Siehe, wie Wir die Zeichen für sie erklären, und siehe, wie sie sich abwenden. Sprich: „Wollt ihr statt Allah das anbeten, was nicht die Macht hat, euch zu schaden oder zu nützen?" Und Allah allein ist der Allhörende, der Allwissende.*

Die Scharia

Kapitel 16

4:170 O ihr Menschen, der Gesandte ist nunmehr zu euch mit der Wahrheit von eurem Herrn gekommen; glaubt darum, das gereicht euch zum Guten.

Die Scharia ist das Gesetz des Islam, das sich auf den Koran, den Hadith und die Sira stützt. Es ist das politische Ziel des Islam, alle Gesetzbücher und Verfassungen, die von Menschen gemacht wurden, durch die Scharia zu ersetzen, die von Allah stammt. Ein Großteil der Scharia stützt sich auf die Sunna, das verbindliche Vorbild Mohammeds. Doch hier einige Verse, die zeigen, wie die Scharia aufgebaut ist.

Ehe, Scheidung und Sex

Mohammed wiederholte die einzelnen Punkte dieses Verses zum Thema Frauen bei seiner letzten Rede in Mekka.

> **Koran, Sure 4:34** *Die Männer stehen den Frauen in Verantwortung vor, weil Allah die einen vor den anderen ausgezeichnet hat und weil sie von ihrem Vermögen hingeben. Darum sind tugendhafte Frauen die Gehorsamen und diejenigen, die (ihrer Gatten) Geheimnisse mit Allahs Hilfe wahren. Und jene, deren Widerspenstigkeit ihr befürchtet: ermahnt sie, meidet sie im Ehebett und schlagt sie! Wenn sie euch dann gehorchen, so sucht gegen sie keine Ausrede. Wahrlich, Allah ist Erhaben und Groß.*
>
> **Koran, Sure 4:35** *Und wenn ihr einen Bruch zwischen beiden befürchtet, dann sendet einen Schiedsrichter von seiner Familie und einen Schiedsrichter von ihrer Familie. Wollen sie sich aussöhnen,*

so wird Allah Frieden zwischen ihnen stiften. Wahrlich, Allah ist Allwissend, Allkundig.

Koran, Sure 24:30 *Sprich zu den gläubigen Männern, dass sie ihre Blicke zu Boden senken und ihre Keuschheit wahren sollen. Das ist reiner für sie. Wahrlich, Allah ist dessen, was sie tun, recht wohl kundig. Und sprich zu den gläubigen Frauen, dass sie ihre Blicke zu Boden senken und ihre Keuschheit wahren und ihren Schmuck nicht zur Schau tragen sollen - bis auf das, was davon sichtbar sein darf, und dass sie ihre Tücher um ihre Kleidungsausschnitte schlagen und ihren Schmuck vor niemand (anderem) enthüllen sollen als vor ihren Gatten oder Vätern oder den Vätern ihrer Gatten oder ihren Söhnen oder den Söhnen ihrer Gatten oder ihren Brüdern oder den Söhnen ihrer Brüder oder Söhnen ihrer Schwestern oder ihren Frauen oder denen, die sie von Rechts wegen besitzen, oder solchen von ihren männlichen Dienern, die keinen Geschlechtstrieb mehr haben, und den Kindern, die der Blöße der Frauen keine Beachtung schenken. Und sie sollen ihre Füße nicht so (auf den Boden) stampfen, dass bekannt wird, was sie von ihrem Schmuck verbergen [Fußreife]. Und wendet euch allesamt reumütig Allah zu, o ihr Gläubigen, auf dass ihr erfolgreich sein mögt.*

Koran, Sure 24:32 *Und verheiratet diejenigen von euch, die ledig sind, und die guten unter euren Sklaven, männliche wie weibliche. Wenn sie arm sind, so wird Allah sie aus Seiner Fülle reich machen; denn Allah ist Allumfassend, Allwissend. Und diejenigen, die keine (Gelegenheit) zur Ehe finden, sollen sich keusch halten, bis Allah sie aus Seiner Fülle reich macht. Und jene, die ihr von Rechts wegen besitzt - wenn welche von ihnen eine Freilassungsurkunde begehren, (so) stellt sie ihnen aus, falls ihr von ihnen Gutes wisst; und gebt ihnen von Allahs Reichtum, den Er euch gegeben hat. Und zwingt eure Sklavinnen nicht zur Prostitution, wenn sie ein ehrbares Leben führen wollen, nur um die Güter des irdischen Lebens zu erlangen.*

Werden sie aber (zur Prostitution) gezwungen, dann wird Allah gewiss nach ihrem erzwungenen Tun Allvergebend und Barmherzig (zu ihnen) sein.

Koran, Sure 2:221 *Und heiratet keine Götzenanbeterinnen, ehe sie glauben. Und eine gläubige Dienerin ist besser als eine Götzenanbeterin, mag sie euch auch noch so gut gefallen. Und verheiratet nicht (gläubige Frauen) mit Götzenanbetern, ehe sie glauben. Und ein gläubiger Diener ist besser als ein Götzenanbeter, mag er euch auch noch so gut gefallen. Jene rufen zum Feuer, doch Allah ruft zum Paradies und zur Verzeihung mit Seiner Erlaubnis und macht den Menschen Seine Zeichen klar, damit sie Seiner gedenken mögen.*

Der nächste Vers bildet die Grundlage für sexuelle Beziehungen zwischen einem Mann und seiner Ehefrau.

Koran, Sure 2:223 *Eure Frauen sind ein Saatfeld für euch; darum bestellt euer Saatfeld wie ihr wollt. Doch schickt (Gutes) für euch voraus. Und fürchtet Allah und wisst, dass ihr Ihm begegnen werdet. Und verheiße den Gläubigen die frohe Botschaft.*

Koran, Sure 4:15 *Und wenn einige eurer Frauen eine Hurerei begehen, dann ruft vier von euch als Zeugen gegen sie auf; bezeugen sie es, dann schließt sie in die Häuser ein, bis der Tod sie ereilt oder Allah ihnen einen Ausweg gibt. Und wenn zwei von euch (Männern) es begehen [Homosexualität], dann fügt ihnen übel zu. Wenn sie (aber) umkehren und sich bessern, dann lasst ab von ihnen; denn Allah ist Gnädig und Barmherzig.*

Koran, Sure 4:17 *Nur diejenigen haben bei Allah Vergebung zu erwarten, die in Unwissenheit Böses tun und hierauf beizeiten umkehren. Diesen wendet Sich Allah wieder gnädig zu; und Allah weiß Bescheid und ist Allweise. Diejenigen aber haben keine Vergebung zu erwarten, die schlechte Taten begehen, und die erst,* *wenn sie zum Sterben kommen, sagen: „Jetzt kehre ich um." Auch diejenigen nicht, die als Ungläubige sterben. Für sie haben Wir eine schmerzhafte Strafe bereitet.*

Koran, Sure 4:19 *O ihr, die ihr glaubt, euch ist nicht erlaubt, Frauen gegen ihren Willen zu beerben. Und hindert sie nicht (an der Verheiratung mit einem anderen), um einen Teil von dem zu nehmen, was ihr ihnen (als Brautgabe) gabt, es sei denn, sie hätten offenkundig Hurerei begangen. Verkehrt gütig mit ihnen; und wenn ihr Abscheu gegen sie empfindet, empfindet ihr vielleicht Abscheu gegen etwas, in das Allah reiches Gut gelegt hat.*

Koran, Sure 4:20 *Und wenn ihr eine Gattin gegen eine andere eintauschen wollt und ihr habt der einen ein Talent (als Brautgabe) gegeben, so nehmt nichts von ihm fort. Wollt ihr es etwa in Verleumdung und offenbarer Sünde fortnehmen? Und wie könntet ihr es fortnehmen, wo ihr einander bereits beiwohntet, und sie mit euch einen festen Bund schlossen?*

Rechtsvorschriften

Koran, Sure 5:38 *Dem Dieb und der Diebin schneidet ihr die Hände ab, als Vergeltung für das, was sie begangen haben, und als abschreckende Strafe von Allah. Und Allah ist Allmächtig, Allweise. Aber wer es bereut nach seiner Freveltat und sich bessert, von dem wird Allah die Reue annehmen; denn Allah ist Allvergebend, Barmherzig. Hast du nicht gewusst, dass Allah es ist, Dem das Königreich der Himmel und der Erde gehört? Er bestraft, wen Er will, und Er vergibt, wem Er will; und Allah hat Macht über alle Dinge.*

Koran, Sure 2:178 *O ihr, die ihr glaubt! Es ist euch die Wiedervergeltung vorgeschrieben für die Getöteten: der Freie für den Freien, der Sklave für den Sklaven, das Weibliche für das Weibliche. Doch wenn jemandem von seinem Bruder etwas vergeben wird, so soll* *der Vollzug auf geziemende Art und die Leistung ihm gegenüber auf wohltätige Weise geschehen [Blutgeld]. Dies ist eine Erleichterung von eurem Herrn und eine Barmherzigkeit. Wer nun von jetzt an (die Gesetze) übertritt, dem wird eine schmerzliche Strafe zuteil sein. In der Wiedervergeltung ist Leben für euch, o ihr, die ihr einsichtig seid! Vielleicht werdet ihr Allah fürchten.*

Koran, Sure 2:180 *Es ist euch vorgeschrieben, dass, wenn sich bei einem von euch der Tod einstellt, sofern er Gut hinterlässt, den Eltern und den Verwandten auf geziemende Art ein Vermächtnis gemacht wird. Dies ist eine Verpflichtung gegenüber den Gottesfürchtigen. Doch wer es umändert, nachdem er es gehört hat - so liegt die Schuld dafür nur bei denen, die es umändern. Wahrlich, Allah ist Allhörend, Allwissend. Wer aber seitens des Erblassers Unrecht oder Vergehen befürchtet und zwischen ihnen Frieden stiftet, so trifft ihn keine Schuld. Wahrlich, Allah ist Allverzeihend, Barmherzig.*

Koran, Sure 4:92 *Keinem Gläubigen steht es zu, einen anderen Gläubigen zu töten, es sei denn aus Versehen. Und wer einen Gläubigen aus Versehen tötet: so soll er einen gläubigen Sklaven befreien und Blutgeld an seine Erben zahlen, es sei denn, sie erlassen es aus Mildtätigkeit. War er (der Getötete) aber von einem Volk, das euer Feind ist, und war er (der Getötete) gläubig: so soll er einen gläubigen Sklaven befreien; war er aber von einem Volk, mit dem ihr ein Bündnis habt: so soll er Blutgeld an seine Erben zahlen und einen gläubigen Sklaven befreien. Wer (das) nicht kann: so (soll er) zwei Monate hintereinander fasten - (dies ist) eine Vergebung von Allah. Und Allah ist Allwissend, Allweise.*

Koran, Sure 4:93 *Und wer einen Gläubigen vorsätzlich tötet, dessen Lohn ist Gahannam, worin er auf ewig bleibt. Allah wird ihm zürnen und ihn von Sich weisen und ihm eine schwere Strafe bereiten.*

Kommentare

Kapitel 17

Die Inhalte des Korans

Wird Mohammeds Leben wieder in den Koran eingeflochten, wandelt sich dieser. Er beginnt mit Gebeten und Lobpreisungen des Schöpfers, und er endet mit dem politischen Triumph über alle Feinde, in alten und in neuen Zeiten.

Der Koran von Mekka ist grundsätzlich religiös, mit nur einem Thema: dem Gehorsam gegenüber dem Propheten Allahs. Gehorcht Mohammed oder verbrennt in der Hölle! Im Koran von Medina ändert sich diese Botschaft zu: Gehorcht Mohammed, oder ihr werdet Zerstörung in diesem Leben erfahren, den Dschihad. Den Kuffar Leid anzutun ist ein politischer Akt. Dies ist eine politische Botschaft.

Widersprüche finden sich überall im Koran: Wenn an einer Stelle etwas gesagt wird, kann an späterer Stelle das Gegenteil stehen.

Der Koran ist in hohem Maße sekundär. Der Jüngste Tag, Paradies, Hölle, Moses, Noah und andere vertraute Themen des Christen- und Judentums stechen ins Auge. Auch Bilder und Vorstellungen des Zoroastrismus tauchen auf. Seltene Ausprägungen des Christen- und Judentums finden sich in vergessenen häretischen Kirchen Arabiens und in jüdischen Kommentaren wieder. Alte arabische Legenden werden umgeschrieben, um zu erklären, warum es in Arabien verlassene Städte gab. Der einzig neue Gedanke im Koran ist der, dass Mohammed Allahs Prophet ist, den sich alle Welt als Vorbild nehmen sollte; wer es nicht tut, dem kann Leid geschehen. Der Horizont des Korans reicht nicht über Mohammeds Welt hinaus. Er beansprucht für sich, universal gültig zu sein; in Wahrheit ist er äußerst provinziell.

Logik

Der Koran folgt seiner eigenen Logik. Wahrheit bestimmt sich durch Offenbarung. Keine Fakten, keine Argumente können den Koran widerlegen. Logische Überzeugungsarbeit stützt sich auf Wiederholung und permanente Beteuerungen. Ein weiterer Teil der Überzeugungsarbeit besteht aus persönlichen Angriffen gegen die, die sich dem Islam widersetzen. Der Koran führt seine Diskussionen mittels Drohungen gegen bestimmte Personen und Gruppen. Wenn die Überzeugungsarbeit fehlschlägt, wird Gewalt ausgeübt, um den logischen oder politischen Streit zu entscheiden.

Ein weiterer Aspekt der Koran-Logik ist der Gebrauch von Schmähungen und persönlichen Beleidigungen, um die Wahrheit voranzutreiben. Der Koran, mit seiner poetischen Sprache und den immer wiederkehrenden Drohungen und Gewaltakten, gründet seine Logik auf Emotionen. Auch wenn seine intellektuelle Wahrheit widersprüchlich sein kann, müssen diese Widersprüche nicht aufgelöst werden. Das Verständnis scheinbarer Widersprüche ist ein Schlüssel zum Verständnis islamischer Logik. Im Koran gilt ein Widerspruch nicht als Beweis dafür, dass ein Argument falsch ist. Was von der Logik her widersprüchlich erscheint, betrachtet man als dualistische Aussagen, die zwei richtige Optionen darstellen, je nach den Umständen. Dies ist dualistische Logik.

Dualität

Das ständige Thema des Korans ist die Trennung zwischen denen, die an Mohammed glauben, und denen, die es nicht tun. Diese heilige Trennung ist Dualismus; Kuffar sind keine vollwertigen Menschen und fallen unter einen gesonderten Moralkodex. Die dualistische Trennung bezieht sich auf Politik, Kultur und Religion. Sie wird weitergeführt durch zwei verschiedene Betrachtungsweisen der Kuffar im mekkanischen und im medinensischen Koran.

Einige Koranverse widersprechen einander, doch der Text legt fest, nach welchem Prinzip diese Widersprüche aufzulösen sind. Der spätere Vers hebt den früheren auf (setzt ihn außer Kraft). Da jedoch der gesamte Koran von

Allah stammt, sind alle Verse wahr, und kein Vers ist im Grunde falsch. Der spätere, widersprüchliche Vers wiegt lediglich schwerer als der frühere. In der Praxis können beide Seiten eines Widerspruchs wahr sein – logische Dualität.

Ethik

Es gibt keine Goldene Regel im Koran. Da das ethische System des Korans dualistisch ist, kann es keine Goldene Regel geben. Wie eine Person zu behandeln ist, hängt davon ab, ob es sich bei ihr um einen Gläubigen oder einen Kafir handelt. Es gibt ethische Grundsätze für den Gläubigen, und es gibt andere ethische Grundsätze für den Kafir. Betrug, Grausamkeit und Gewaltausübung gegen die Kuffar, die sich der Logik des Korans widersetzen, sind akzeptabel. Gläubige sind wie Brüder und Schwestern zu behandeln. Gut ist, was dem Islam dient. Böse ist, was sich dem Islam widersetzt.

Politik

Die Inhalte des Korans finden ihren Höhepunkt in der Herrschaft des politischen Islam. Der Koran lehrt, der Islam sei das perfekte politische System und dazu bestimmt, die gesamte Welt zu regieren. Alle Regierungen und Verfassungen dieser Welt müssen sich dem politischen Islam unterwerfen. Falls die politischen Systeme der Kuffar sich dem Islam nicht unterwerfen, darf Gewalt (Dschihad) eingesetzt werden. Jede Form von Dschihad ist defensiv, da die Weigerung, sich dem Islam zu unterwerfen, ein Angriff auf Allah ist. Alle Muslime müssen die politische Aktion des Dschihad unterstützen. Das kann auf verschiedenste Weise geschehen – durch Kämpfen, durch Missionieren, durch finanzielle Unterstützung.

Die Grundlagen des dualistischen islamischen Gesetzes, der Scharia, finden sich im Koran.

Der Koran in der Statistik

Eine Methode, um zu berechnen, wie wichtig etwas ist, besteht darin, festzustellen, wie viele Bezugsstellen ihm gewidmet sind. Das einfache Auszählen der Worte, die einem Thema gewidmet sind, erlaubt Rückschlüsse auf dessen Wichtigkeit.

Der Koran widmet 64 Prozent des Textes dem Kafir[10]. Der Teil des Islam, der sich mit dem „Außenseiter", dem Kafir beschäftigt, wird als politischer Islam bezeichnet. Da ein so großer Teil des Korans vom Kafir handelt, lautet die statistische Schlussfolgerung, dass der Islam hauptsächlich ein politisches, kein religiöses System ist.

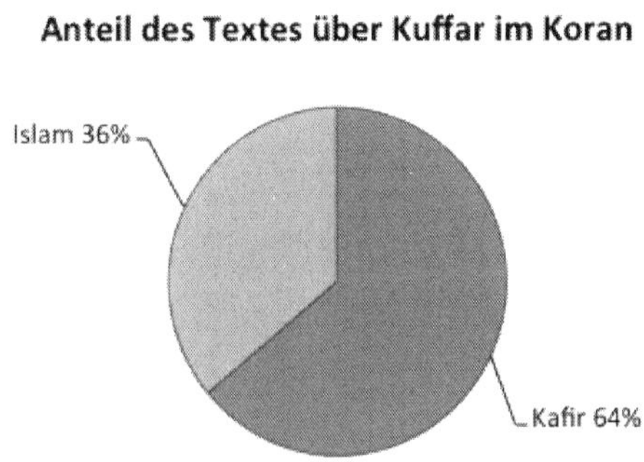

Die Gewalt im mekkanischen Koran besteht aus Beschimpfungen und Höllenqualen nach dem Tod. In Medina wendet sich der Koran dem Schwert[11] zu.

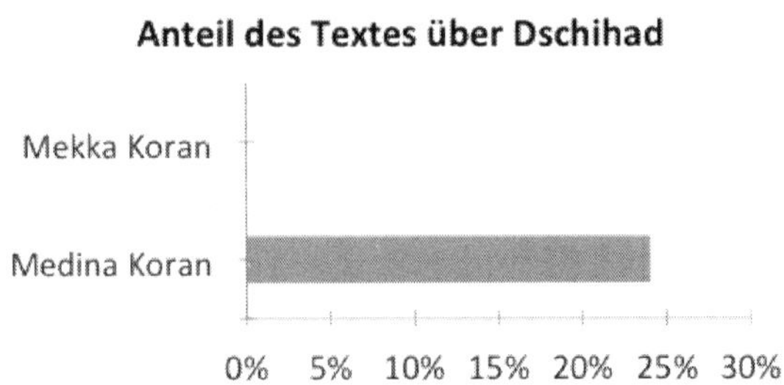

10 http://cspipublishing.com/statistical/TrilogyStats/AmtTxtDevotedKafir.html

11 http://cspipublishing.com/statistical/TrilogyStats/Percentage_of_Trilogy_Text_Devoted_to_Jihad.html

Mohammed predigte die Religion des Islam 13 Jahre lang in Mekka und gewann 150 Anhänger. Dann war er gezwungen, nach Medina zu ziehen und wurde dort zum Politiker und Krieger. Während der letzten neun Jahre seines Lebens war er alle sechs Wochen an einer gewalttätigen Aktion beteiligt. Als er starb, war jeder Araber in seinem Wirkungsbereich ein Muslim. Seine Erfolge waren politischer, nicht religiöser Natur. Greift man auf Daten aus der Sira und der Geschichte zurück, ist es möglich, einen Graphen für das Wachstum des Islam zu zeichnen.

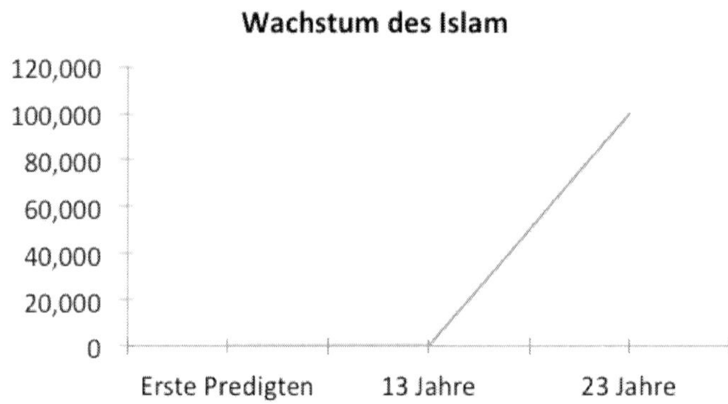

Hier abgebildet sind zwei verschiedene Wachstumsphasen – die religiöse und die politische. Die Phase der Religion brachten pro Jahr etwa 12 neue Muslime hervor. Die Phase der Politik und des Dschihad brachten pro Jahr 10.000 neue Muslime hervor – ein enormer Zuwachs. Daraus lässt sich ableiten: Hätte Mohammed weiterhin lediglich seine Religion gepredigt, hätte es bei seinem Tod weniger als 300 Muslime gegeben.

Im mekkanischen Koran finden sich nur wenige negative Verse über die Juden, doch in Medina geht der Koran grausam mit den Juden um[12]. Im medinensischen Koran findet sich mehr Judenhass als in Hitlers "Mein Kampf".

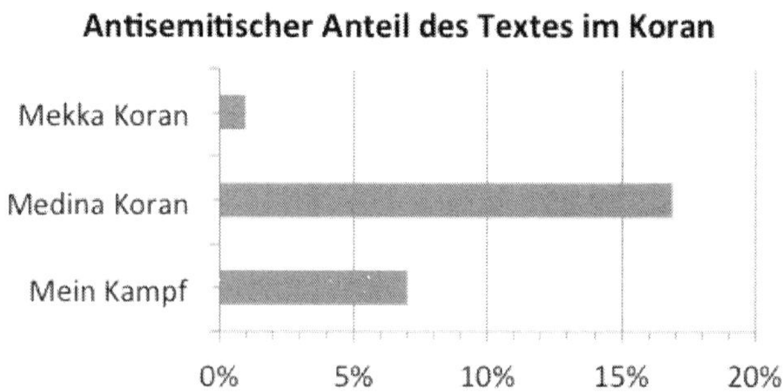

Die Stellung der Frau im Koran ist ebenfalls von großem Interesse[13]. Die folgende Grafik entstand, indem alle Verse gesammelt wurden, in der Frauen erwähnt werden. Die Textstellen wurde dann sortiert in neutrale, niedere, hohe oder gleichrangige Stellung. Die neutralen Verse fanden in diese Studie keinen Eingang. Die hohe Stellung kommt Müttern zu. Die gleichrangige Stellung herrscht am Jüngsten Tag, wenn Männer und Frauen gemäß ihren Taten beur-

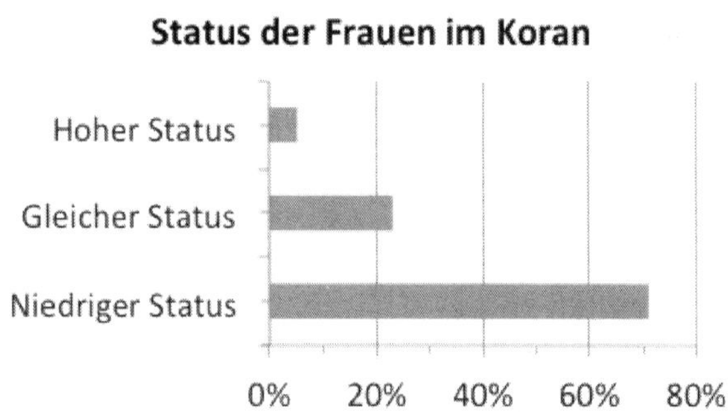

12 http://cspipublishing.com/statistical/TrilogyStats/Amt_anti-Jew_Text.html

13 http://cspipublishing.com/statistical/TrilogyStats/Womans_Status_in_the_Koran.html

teilt werden. Die Frau jedoch wird danach beurteilt werden, wie sehr sie ihrem Mann gehorchte und ihm dankbar war.

Dieses Buch

Dieses Buch stützt sich auf kritisches Denken und auf Quellentexte des Islam – den Koran und die Sira. Nach allgemein anerkannter Lehrmeinung ist es unmöglich, den Islam zu verstehen, ohne den Koran und die Sunna zu verstehen. Den Islam zu kennen heißt, Mohammed und Allah zu kennen.

Nachwort

Vielen Dank für den Kauf und die Lektüre dieses Buchs. Sie unterstützen dadurch die Aktivitäten und Ziele von CSPI International.

CSPI International ist eine internationale, gemeinnützige, säkulare Bildungsbewegung. Ihr Ziel ist es, die Allgemeinheit über die Lehre des politischen Islam aufzuklären. Der Islam ist eine Ideologie, eine komplette Zivilisation mit eigener Kultur, eine Religion sowie ein politisches oder Rechtssystem. Das politische System ist es, mit dem CSPI sich auseinandersetzt, denn dieser Teil des Islam ist es, der die Rolle des Nicht-Muslims oder Kafirs definiert. Die Beziehung zwischen Islam und Kafir findet sich in der Trilogie der drei heiligen islamischen Texte (dem Koran, der Sira und dem Hadith). Untersucht man die Quellentexte des Islam mit Hilfe simpler statistischer Methoden, so werden viele seiner Gedankengänge sehr deutlich – zum Beispiel die politische Natur des Islam. CSPI International interessiert sich ausschließlich für die Ideologie des politischen Islam, nicht mit der Religion oder deren Mitglieder. Auf diese Weise vermeiden wir eine emotionale Argumentation. Unsere Organisation legt Wert auf ein rationales Denken und Debattieren über politische Ideen. Selbst wenn die Doktrin des Islam in intellektuellen Begriffen wiedergegeben wird, führt dies zu emotionalen Resultaten, einschließlich Wut und Depression. Die notwendige Reaktion ist jedoch rationaler, nicht emotionaler Natur. Die Welt hat ein neues Werkzeug für den Umgang mit dem Islam – die faktengestützte Argumentation sowie eine sachkundige Gemeinschaft von Aktivisten.

Unterstützen Sie uns!

Wenn Ihnen unsere Arbeit gefällt und auch Sie der Meinung sind, dass es wichtig ist, Informationen über den politischen Islam zu verbreiten, können Sie uns auf mehrfache Weise helfen. Zunächst einmal können Sie die Informationen mit Ihrer Familie, mit Freunden, Mitschülern und Arbeitskollegen teilen. Wenn Sie unsere Bemühungen für sinnvoll halten, können Sie uns auch finanziell und/oder mit Ihrer Zeit unterstützen. Falls Sie uns finanziell unterstützen wollen, können Sie dies sowohl durch eine einmalige Zahlung als auch mit regelmäßigen Spenden tun. In beiden Fällen helfen Sie uns dabei, unsere Aktivitäten auszubauen. Falls Sie uns mit Ihrer Zeit unterstützen wollen, müssen Sie nicht zwingend Mitglied von CSPI International werden. Sie können auch für die Leute in Ihrem Umfeld zur Informationsquelle über den politischen Islam oder zum Musterbeispiel für jemanden mit einem klaren Verständnis der Materie werden. Zu guter Letzt können Sie auch an unseren Aktivitäten teilnehmen, wie z. B. Übersetzungen, Forschung, Veröffentlichung, grafische Gestaltung, Rechtsberatung, Finanzierung, Verwaltung und vielerlei mehr.

Besuchen Sie die Internetseite: www.cspii.org/de/support-us

Vielen Dank für Ihre Unterstützung.

Weiterführende Literatur

Die Scharia

Scharia für Nicht-Muslime, CSPI Publishing

Der Hadith

Die Sunna Mohammeds, CSPI Publishing

Die Sira

Das Leben Mohammeds, CSPI Publishing